Peter Krause
DAS JUDASPROBLEM

# Peter Krause

# DAS JUDASPROBLEM

## Von den spirituellen Hintergründen der Gewalt

Flensburger Hefte Verlag

CIP-Titelaufnahme der Deutschen Bibliothek

*Krause, Peter:*

Das Judasproblem: von den spirituellen
Hintergründen der Gewalt / Peter Krause. –
Flensburg: Flensburger-Hefte-Verl., 1991

ISBN 3-926841-38-9

Umschlaggraphik: Paul Mangen
© 1991 Flensburger Hefte Verlag GmbH, Flensburg
Alle Rechte, auch die des auszugsweisen Nachdrucks und
der photomechanischen Wiedergabe, vorbehalten.
Satz: Flensburger Hefte
Druck: Westholsteinische Verlagsdruckerei Boyens & Co., Heide

# INHALT

"Nur wenn der Mensch die widerstrebenden Kräfte überwindet,
kann er sich die hinaufführenden starken Kräfte aneignen."

Rudolf Steiner*

# VORWORT

Als ich begann, mich mit diesem Thema und der Arbeit an diesem Buch zu beschäftigen, ging ich von den Erinnerungen an die Folgen der Kriegsereignisse in Vietnam für Europa aus; denn ein guter Teil der Jugendbewegung der sechziger und siebziger Jahre wurde von Empörung zu einer Protestbewegung gegen den Krieg geleitet. Viele verirrten sich aus diesem Anfang der Friedensbewegung in den bewaffneten Kampf des damit beginnenden Terrorismus. Nun kann ich sagen, daß die Erinnerung daran von den schrecklichen Ereignissen des Golfkrieges eingeholt wurde!

Andererseits begegnet man heute in fast allen Lebensbereichen erschreckenden Erscheinungsformen von Gewalt, ohne zunächst über Erkenntnisse ihrer Ursachen zu verfügen. Hier ist, das soll im folgenden aufgezeigt werden, eine spirituelle Vertiefung der Fragestellung nötig und möglich.

Wesentliche Anregungen zu der in diesem Buch versuchten Sichtweise verdanke ich zahlreichen Gesprächen mit Werner Rauer in meiner eigenen Jugendzeit. Ihm verdanke ich auch manchen Hinweis auf Schwierigkeiten, die heute – bald 20 Jahre später – mit ungleich größerer Kraft das idealistische Weltverständnis der Jugendlichen gefährden.

Die Biographie des Judas gibt wegen ihrer Urbildlichkeit wesentliche Motive für die Ausführungen in diesem Buch ab. Die ganze Tragik im Leben dieses spirituellen Idealisten scheint sich vielfach in zahlreichen Jugendbiographien unserer Zeit in großem Stil zu wiederholen. Das mit seinem Leben verbundene Geheimnis ein wenig zu entschlüsseln, kann die Gefährdungen der Jugendbewegung und die Ursachen der Gewalt im allgemeinen verstehen helfen.

Bochum, im Februar 1991
Peter Krause

---

* Rudolf Steiner: Welterkenntnis, Selbsterkenntnis. Philosophisch-Anthroposophischer Verlag, Dornach 1935, S.21

# EINLEITUNG

Es gibt wohl kaum einen Menschen, der nicht schon irgendwann einmal in seinem Leben mit irgendeiner Art von Gewalt konfrontiert worden ist. Verbal oder tätlich fühlte er sich mehr oder weniger überwältigt, angegriffen, in seiner Würde mißachtet. Der so immer wieder erlittene Schmerz ist das eine, die daraus geborene Angst vor der Gewalt das andere. Schon früh am Abend werden an den Einfamilienhäusern die Rolläden heruntergelassen, Scheinwerfer eingeschaltet, die den Garten um das Haus herum hell erleuchten, schon manch ein Spaziergänger trägt Waffen zur sogenannten Selbstverteidigung mit sich, und zwar einzig und allein aus Angst vor Gewalt.

Wir Menschen scheinen am Ende des 20. Jahrhunderts von dieser Angst vor Gewalt geradezu beherrscht. Mag es zum einen die Gewalt sein, die sich gegen uns persönlich, gegen unsere eigenen Lebensverhältnisse, gegen unsere Lebenspartner und Freunde richtet, oder aber auch die Angst vor der Gewalt durch ein System. Nicht nur die Gewalt, die von einzelnen Verbrechern ausgeht, sondern auch die, die Menschen in politisch extrem verwalteten Staaten erleiden, erleben wir als Bedrohung des uns so lieb gewordenen Friedens.

Eine weitere Gefahr begegnet einem heutzutage auch in zunehmenden Maße. Es ist das weitgehende Unbewußtsein für die Ursachen von Gewalt. Offenbar wird zu wenig darüber nachgedacht, inwieweit nicht eine unbewußte Lebensführung dazu führen kann, daß ein Mensch in einer Krisensituation unbesonnen, d.h. gewalttätig handelt. Immer zahlreicher werden die Fälle, in denen die Menschen unbeherrscht und unkontrolliert Gewalt ausüben. Wie oft werden Worte der Verachtung und des Hasses gesprochen, einzig und allein aus dem Grund, weil die Wahrnehmungsfähigkeit eines Menschen für die bedrängte Schicksalssituation eines anderen Menschen beschränkt ist! Wie oft werden Kinder von ihren Eltern geschlagen, obwohl diese es bewußt gar nicht wollen! Wie viele Morde wurden schon begangen, nur weil den Täter im entsprechenden Augenblick eine Art Tötungslust überkam! Wie viele tausend Menschen werden eben gerade in diesem Augenblick, in dem Sie diese Zeilen lesen, durch Menschen in Folterungen gequält oder zu Tode gebracht, nur weil irgendwelche, vom Wahnsinn getriebene Machthaber dies angeordnet haben!

Was ist in den Jahrtausenden der Entwicklung der Menschheit geschehen, daß man heutzutage – sozusagen an der Spitze der Entwicklung angekommen – erkennen muß, wozu Menschen doch in der Lage sind? Ist unsere Entwicklungsrichtung noch eine aufsteigende oder etwa die eines Falles?

Will man sich besonders vor Augen führen, was sich seit dem Ende der letzten Eiszeit an menschlicher Entwicklung ereignet hat, muß man zumindest im Blick auf die technische Entwicklung ganz eindeutig von einem Aufstieg sprechen. Die Kräfte der Intelligenz und der Anwendung des menschlichen Verstandes auf die Gestaltung seiner Umwelt haben sich immer weiter – man könnte sagen – nach oben entwickelt. Allerdings ist gerade mit der technischen Entwicklung eine Entfremdung des Menschen von seiner Arbeitswelt gegeben. Und so kommen wir zu dem ganz anderen Gesichtspunkt, daß nämlich die Entwicklung der Menschheit ein Fallen ist, wenn man zum Beispiel betrachtet, wie wenig heutzutage noch Leben und Arbeit miteinander zusammenhängen. Die Arbeitswelt wird nicht mehr mit der enthusiasmusgetragenen Initiativkraft der Menschen durchdrungen, sondern allein von einseitig ökonomisch ausgerichteten Gedanken beherrscht. Wie weit dieses Problem reicht, und an welchen Grenzen neue Ansätze gedacht und erprobt werden, wollen wir später etwas genauer betrachten.

Ebenso können die Arbeitserfahrungen nicht mehr als notwendiges Korrektiv für die seelisch-geistige Entwicklung wirksam werden. Die Krisen in der Arbeitswelt führen zu einer Auseinandersetzung an und mit dem Stoff, wodurch die Arbeitswelt ganz allgemein zu einer Lernwelt für das soziale Leben wird.

Im Erleiden der Arbeitslosigkeit wird deutlich, welche Bedeutung es für den einzelnen hat, daß sein Grundbedürfnis nach Arbeit befriedigt wird. Denn nur in der Arbeitswelt sind bestimmte Entwicklungs- und Selbsterfahrungsmöglichkeiten gegeben. Das Gegenüber des arbeitenden Menschen, sei es ein Werkstück, ein Mensch oder ein Verwaltungsvorgang, verbindet sich mit seinen Fähigkeiten, die er bewußt in den Dienst der Berufswelt gestellt hat. Diese Fähigkeiten sind – verglichen mit dem breiten Spektrum aller anderen Fähigkeiten eines Menschen – diejenigen, die am weitesten geläutert und dadurch von unbewußten Emotionen und Motivationen befreit sind, man könnte auch sagen, die am ehesten vom Menschen souverän beherrscht werden. Die in diesem Fähigkeitsbereich gemachten Erfahrungen haben darum einen besonderen Stellenwert, da sie im Bereich der Stärkenatur, nicht der Schwächenatur des Menschen gemacht werden. Sie berühren mehr die Vernunft und weniger die Emotionen und können einfacher in ganz andere Lebensbereiche übertragen werden. Dieses ist der Grund dafür, warum Arbeitserfahrungen ein Korrektiv für eine seelisch-geistige Entwicklung sein können.

Indem nun Lebens- und Arbeitswelt, so weit wie das heute der Fall ist, voneinander getrennt sind, entsteht zwischen beiden eine spannungsreiche Zone. Die die Lebens- und Arbeitswelt miteinander verbindende Kraft ist die Kraft der Hingabe und der Liebe, die die Menschen früherer Zeiten mit viel größerer Selbstverständlichkeit, als das heute der Fall ist, mit ihrem Beruf verbinden konnten. Wo also einstmals zwei Welten durch die Kraft der Liebe und des Enthusiasmus miteinander verbunden waren, klafft heute gleichsam eine Lücke, und in dieser Lücke verwandelt sich die Liebe in ihr Gegenteil, und zwar in die Gewalt. Mit ihr löst sich eine elementare Seelenkraft aus der menschlichen Selbstkontrolle und gebärdet sich als zerstörerisch und lebensfeindlich.

An sich entspringt sie aus dem positiven Anliegen des Menschen, die Welt verändern zu können. Da diese Veränderung immer unmöglicher zu vollbringen oder wenigstens zu erleben ist, gerinnt die auf sie gerichtete Sehnsucht zu dem Irrtum, mit Zerstörung und Gewalt eine neue Lebensordnung schaffen zu können. Dies führt uns zu dem Irrtum, dem Judas als einer der zwölf Jünger Christi erlag. Er erscheint geradezu als Zentralfigur für diese Problematik des 20. Jahrhunderts, das uns aufgibt, Rätsel seines tragischen Lebenslaufes ein Stückweit zu lösen.

Die vorliegende Schrift will sich dieser Aufgabe in ihrem ersten Teil widmen, nicht mit dem Anspruch auf Vollständigkeit, aber als Versuch, die Richtung anzudeuten, die sich mir ergab, als ich mich mit den verschiedenen Erscheinungsformen von Gewalt, insbesondere des Terrorismus, beschäftigte. Davon soll im zweiten und dritten Teil des Buches die Rede sein. In einem vierten Teil wollen wir uns ansatzweise mit der Entwicklung der Liebe aus dem Haß beschäftigen, insofern es immer mehr geboten erscheint, erneut zu erarbeiten, was schon verloren schien.

# DAS JUDASPROBLEM

Für den Christen verbindet sich mit der Person des Judas ein außerordentliches Problem: Wie kann es sein, daß das schwerste Verbrechen, das je ein Mensch begangen hat, nämlich die Auslieferung des menschgewordenen Gottes an seine Mörder, zu der größten und wesentlichsten Heilstat, die je auf Erden vollbracht wurde, führen konnte? Was mag Judas zu dieser Tat getrieben haben? War es die reine Geldgier als naheliegende Motivation desjenigen, der für alle anderen Jünger das Geld zu verwalten hatte? Waren es Haß oder Enttäuschung Jesus Christus selbst gegenüber, die ihn den Verrat als Vergeltung begehen ließen? Oder handelte in Judas ein politischer Idealist, der von der Kraft und Größe seines Lehrmeisters so überzeugt war, daß er für diesen nichts mehr wünschte als die uneingeschränkte weltliche Macht? Der Versuch, das Judasproblem unter diesem zuletzt genannten Gesichtspunkt zu verstehen, ging erstmals von Klopstock aus und wurde dann in der Literatur verschiedentlich aufgegriffen.

Was von der Biographie des Judas heute noch bekannt ist, sei es Legende, sei es Wirklichkeit, legt den Gedanken nahe, daß ihn Resignation und Verzweiflung zum Verräter machten, daß es tatsächlich die letzte Hoffnung eines verarmten Gemütes war, Jesus Christus zum absolut mächtigen Herrscher zu machen, indem er ihn der Willkür seiner Feinde preisgab. Der Sieg über die von Haß gesteuerte Willkür seiner Feinde sollte Jesus Christus für alle Menschen als den absoluten Herrscher erscheinen lassen.

## Die Biographie des Judas

Als Quellen zur Rekonstruktion der Biographie des Judas kommen die Legenda Aurea und die Bibel in Betracht. Diese beiden Quellen wurden von mir genutzt und begründen die Möglichkeit der Betrachtung der Judas-Biographie im Sinne einer Dreigliederung, die nachzuzeichnen im folgenden versucht sein soll.

## Vision und Brudermord

Die Eltern des Judas leben in Jerusalem. In der Nacht, da Cyborea, die Mutter des Judas, den Leibeskeim ihres Sohnes empfängt, hat sie einen

11

schweren Traum. Sie erzählt ihrem Mann, daß sie von der Geburt eines Kindes geträumt habe, das so böse sei, daß das ganze Volk davon verdorben werden würde. Ruben, ihr Mann, vermutet einen Betrug durch den "bösen Geist", will diesen Traum also eher als üble Vision denn als Wahrbild sehen. Cyborea antwortet, daß es ein Beweis dafür sein solle, daß der böse Geist im Traum nicht gelogen habe, wenn ein Knabe geboren werden würde.

Schließlich wird den beiden tatsächlich ein Knabe geboren. Die Vision der Mutter scheint sich zu erfüllen. Und da die Eltern ihr eben geborenes Kind nicht töten wollen, andererseits aber auch nicht ein von vornherein dem Bösen ergebenes Kind erziehen wollen, setzen sie ihren Sohn in einem Korb auf dem Meere aus. Auf diese Weise gelangt Judas auf die Insel Scarioth. Die Königin des Landes, selbst kinderlos, nimmt Judas zu sich und gibt ihn für ihren eigenen Sohn aus. Das Adoptivkind Judas wird am Königshof erzogen und versorgt wie ein leibliches Kind. Nach einer Weile gebiert die Königin selbst einen Sohn. Die beiden Knaben wachsen miteinander auf, geraten allerdings – so die Legende – immer wieder miteinander in heftigen Streit. Dabei agiert Judas besonders haßerfüllt.

Als es schließlich offenbar wird, daß Judas ein Adoptivkind ist, ermordet er seinen vermeintlichen Bruder, also das leibliche Kind der Königin. Der drohenden Todesstrafe entgeht er durch Flucht in Richtung Jerusalem, mit der die zweite Phase seiner Biographie beginnt.

Es ist sicher nicht ganz einfach, die Bedeutung einer solchen durch Legende überlieferten Biographie zu erfassen. Dennoch sei versucht, wenigstens eine Richtung anzudeuten. Am Anfang, gerade eben nach der *leiblichen* Konzeption des Judas, steht das Ereignis, daß sich die Eltern, durch ein Traumbild der Mutter veranlaßt, von dem Kind abwenden, also noch vor der Geburt ihre elterliche Sorge in Frage stellen. Wenn uns die Legende nun überliefert, daß das Kind Judas in einem Korb auf dem Meere ausgesetzt wird, so mag uns dies als ein zweifach deutbares Bild erscheinen. Zum einen verdeutlicht es, wie ein Kind, das gar nicht mit Freuden erwartet wurde, sogleich aus der Familiengemeinschaft wieder ausgestoßen wird. Zum anderen können wir die spirituelle Bedeutung dieses Bildes so verstehen, daß die durch die leibliche Konzeption eingetretene physische Schwangerschaft von den Eltern beendet wird, und das Kind aus seinem ursprünglich gewählten Schicksalszusammenhang gleichsam herausgeworfen wird. Es kann nicht zurück in seine Geistesheimat, treibt als Seelenkeim in einem Bereich zwischen Himmel und Erde, um sich dann schließlich in Verhältnissen zu verkörpern, die es nur notgedrungen mit seiner Schicksalsintention verbindet. Hierbei liegt natürlich ein Menschenbild zugrunde, das davon ausgeht, daß der Mensch als geistige Entität aus einem vorgeburtlichen Leben heraus Lebensverhältnisse, also auch seine Eltern, dem eigenen Schicksal entsprechend, sucht. Dieser Anschauung gemäß kommt es zum Wohle der betreffenden Individualität sehr darauf an, inwieweit der eigene Schicksalswille und die angetroffenen irdischen Verhältnisse miteinander in Übereinstimmung gebracht werden können. Natürlich entfernen wir uns mit dieser zweitens angegebenen Deutung ein ganzes Stück von der eigentlichen Biographie des Judas, aber nur, indem dadurch deutlich wird, daß die volle Tragik eines Erdenlebens, eben des Judas Iscarioth, ein Urbild zeichnet, das auf zahllose Schicksale in unserer Zeit anwendbar wäre. Die Daten und Ereignisse des äußeren Lebenslaufes des Judas erscheinen wie vor dem Goldgrund der eigentlichen Bedeutung eben dieses Schicksals.

Durch das Leben muß in unpassenden Schicksalsverhältnissen dieses ausgestoßene und von fremden Menschen an Kindesstatt aufgenommene Kind einen Willen zu Zerstörung und schließlich sogar zum Mord, der sich der Steuerung durch sein waches Bewußtsein vollständig entzieht, entwickeln. Was dort mit den Worten und Bildern einer Legende beschrieben wird, ist in unserer Zivilisation täglich und tausendfach grauenhafte Realität: Gewalt und Mord, die ein Mensch einem anderen antut, obwohl er es eigentlich gar nicht will, im letzten entscheidenden Augenblick aber auch nicht anders kann. Und in bezug auf diese Problematik ist uns durch die Überlieferung der Judasbiographie ein Hinweis dafür gegeben, wie diese Kräfte der Gewalt in einem Menschen überhaupt angeregt werden.

Schauen wir uns aber zunächst noch die zweite und die dritte Phase der Judasbiographie an, bevor wir die daraus gewinnbaren Gesichtspunkte zusammenfassen und für die weiteren Kapitel des Buches aufbereiten wollen.

## Geld und Vatermord

Judas flieht mit den Steuereinnehmern des Königs nach Jerusalem. Diese galten damals als korrupte, der Macht des Geldes ergebene und darum gefürchtete Helfershelfer des Herrschaftsapparates über das Volk. Es sind gleichsam finstere Gestalten in königlichen Gewändern, mit denen Judas nach Jerusalem reist. Man kann sich vorstellen, wie sehr Judas, von der Ausstrahlung dieser Steuereinnehmer beeindruckt, sich deren Korruptheit zu eigen macht. Folgenlos war die Zeit der Flucht für ihn jedenfalls sicher nicht. Als ein durch die drohende Hinrichtung dem Tode Geweihter wird seine kriminelle Potenz, die durch die Verworrenheit seines Schicksals bis zu einem in gewisser Weise unauflöslichen Grade bereits gediehen ist, durch solchen Umgang nur noch gesteigert.

In Jerusalem tritt er in die Dienste des Pilatus ein. Durch die Gunst seines Dienstherrn wird Judas schnell zum obersten Hofmeister, sicherlich schon allein aus dem Grunde, weil seine Ergebenheit Pilatus gegenüber, gepaart mit einer aus dem zerbrochenen Seeleninnern hervorgehenden Unnachgiebigkeit, ihn zu einem besonders treuen Vasallen macht. Eines Tages, so die Legende, begehrt Pilatus Äpfel aus dem Baumgarten seines Nachbarn. Judas übernimmt es, ihm aus diesem Baumgarten Äpfel zu besorgen, ohne zu wissen, daß der Besitzer des Baumgartens sein Vater Ruben ist. Das zunächst harmlose Ereignis, daß der Apfeldieb Judas von dem Besitzer des Baumgartens, Ruben, auf frischer Tat ertappt wird, mündet in einen Streit, der am Ende so weit eskaliert, daß Judas seinen Vater Ruben umbringt. Als man ihn des Nachts tot in seinem Apfelgarten findet, denkt man zunächst an einen natürlichen Tod. Pilatus übergibt daraufhin Judas den Apfelgarten und dazu auch die Frau des Ruben, Cyborea. Ohne um die Tatsache zu wissen, daß Cyborea seine Mutter ist, geht Judas die Ehe mit ihr ein. Zu dem Vatermord gesellt sich schließlich die Schändung der eigenen Mutter. Als Judas das in einem Gespräch mit Cyborea bewußt wird, gerinnt die ganze Konzentration der vielen Schicksalsverwirrungen in der Seele des Judas zur Verzweiflung. Dieser Verzweiflung entzieht er sich abermals durch Flucht, womit die dritte Phase seines Lebens beginnt.

Hatten wir im Hinblick auf die erste Lebensphase des Judas gesehen, wie das Ausgestoßensein aus dem Elternhaus, d.h. das Getrenntsein von dem eigentlichen persönlichen Schicksal, dazu führt, daß ein Mensch immer wieder mit der Neigung zur Gewalt konfrontiert wird, ohne sie mit dem klaren Willen beherrschen zu können, so wird uns mit dem Bericht über die zweite Lebensphase des Judas vorgeführt, wie der ungeläuterte Umgang mit dem Geld einen Menschen dazu treiben kann, die Wurzeln seiner Herkunft und seiner Vergangenheit zu kappen.

Hierbei mögen uns Mutter und Vater als Sinnbilder gelten. Der Vater, von Beruf Apfelgärtner, ist besonders der Erde und der Natur zugewandt. Wie Noah im Bericht des Alten Testamentes als Weingärtner Repräsentant für die neue Menschheit wird, der die Wandlung der von Gott erschaffenen Erde nach eigenen Vorstellungen übertragen ist, so kann uns Ruben als Repräsentant für die der Erde zugewandte Seite der Seele eines Menschen gelten. Er vermag die Pflanzen in das ganze Leben und Weben der Natur-kräfte so hineinzustellen, daß sie reichhaltige Früchte hervorbringen. Damit repräsentiert er also den Teil des Menschen, der es versteht, in der Ausein-andersetzung mit den Weltverhältnissen fortwährend das innere Gleichge-wicht zu erringen und die eigenen Möglichkeiten mit den von außen gege-benen Lebenssituationen in Übereinstimmung zu bringen. Dieser Teil seiner Seelenkräfte ist für Judas aufgrund der Erschütterung durch seine chaotisier-te Biographie von diesem Moment an nicht mehr verfügbar. Er wird in diesem Sinne ein haltloser Mensch, der das innere Gleichgewicht verloren hat und von sich aus nicht mehr in der Lage ist, äußere Bedingungen in eine Beziehung zu inneren Bedürfnissen zu setzen.

Die Mutter repräsentiert einen ganz anderen Teil der menschlichen Seele. Sie ist eher der Teil, der, über die irdischen Lebensverhältnisse erhaben, auch der Welt der Träume, Sehnsüchte und Visionen ergeben ist. Es ist der kreative Teil der menschlichen Seele, damit aber auch der Teil, der von dem Menschen auf alles andere, die Mitmenschen, die Lebensaufgaben, die Lebensfragen usw., angewandt werden kann, nur nicht auf sich selbst. So-lange der Mensch mit kreativer Phantasie die Lebensverhältnisse um sich herum gestaltet, wird er in positivem Sinne für ihre Fortentwicklung Sorge tragen können.

Ein Erzieher beispielsweise ist berufsbedingt auf diese Art der Kreativität angewiesen, wenn er sich mit der rechten Erziehung oder Unterrichtung eines Kindes beschäftigt. Was bedeutet es, wenn ein Kind zu einem von ihm erwünschten oder erhofften Lernfortschritt nicht in der Lage ist? Wie kann man ihm dazu verhelfen? Welche Mittel muß man einsetzen, damit das Kind die für das Lernen benötigten Kräfte aus sich heraus entwickelt? Nun stellen wir uns einmal vor, wie es wäre, wenn ein Mensch mit der gleichen Auf-merksamkeit, mit der der Lehrer um das Wohl eines ihm anvertrauten Kin-des bemüht ist, nur noch sich selber sieht. Wenn eine solche Aufmerksam-keit ein gewisses Maß übersteigt, entsteht eine schier unerträgliche Eitelkeit und Überheblichkeit. Der Mensch wird sich dann mehr und mehr schmük-ken, statt sich selber zu erziehen. Und genau dieser Vorgang scheint in dem Moment der Judas-Biographie eingetreten zu sein, den uns die Legende als die Ehelichung und Schändung der eigenen Mutter beschreibt.

Es kommen also hier zusammen: einerseits der Verlust des inneren Gleichgewichts und damit die Möglichkeit, das eigene Schicksal in die Weltverhältnisse vernünftig einordnen zu können, andererseits zieht Judas die Kräfte einer sozialen Kreativität von der Gestaltung der äußeren Lebensverhältnisse ab und richtet sie in maßloser Selbstgefälligkeit einzig und allein auf eine unangemessene Betrachtung und Bewertung seiner eigenen Person. Die bis jetzt gemachten Lebenserfahrungen konnten aber nicht in Judas abtöten, was an idealistischer Begeisterung in seiner Seele lebte. Diese Begeisterung zusammen mit der Prädestination zum Gewalttäter bringen die Kraft hervor, von der die dritte Phase seines Lebens vor allem gekennzeichnet ist.

## Macht und Verrat

Es ist bemerkenswert, wie uns Judas als derjenige Jünger beschrieben wird, der – man möchte sagen – durch eigene Bewerbung zum Jünger Christi wird. Nicht die Tatsache der Berufung liegt seinem Eintritt in den Jüngerkreis zugrunde, sondern sein eigener Wunsch, sein eigenes Verlangen. Er wird uns dann als derjenige beschrieben, der im Kreise der Jünger für die Verwaltung der Finanzen zuständig ist. Es gibt eigentlich keinen Hinweis darauf, daß er dieses Amt mit Untreue verwaltete. Wenn er bei der Salbung Christi darauf hinweist, daß der Gegenwert der verwendeten Salbe als Verkaufserlös besser den Armen gegeben werden könnte, spricht das nicht von Untreue im Umgang mit Geld, sondern eher von einem sozialen Engagement für die Notleidenden. Eben dieses drückt aus, was als Idealismus in der Seele des Judas trotz aller Erschütterungen noch lebte. Besonders im Hinblick auf den Verrat, der Jesus Christus in die Hände seiner Mörder bringt, wird die ganze Zerrissenheit der Seele des Judas deutlich. Zum einen können wir uns ihn als einen sozial empfindsamen und sicher auch engagierten Menschen vorstellen, zum anderen als einen, der die ganze Wucht und Energie seiner Ideale selbst nicht ertrug und auf dem Wege zu der ersehnten Veränderung der Weltverhältnisse nur zweifelhafte Lösungen ausmachen konnte. Darum ist es nicht Geldgier, die ihn zum Verrat treibt, sondern die Hoffnung darauf, daß Jesus Christus seine Feinde besiegt, die todesgefährliche Situation meistert und so für das Volk als ein uneingeschränkter politischer Machthaber dasteht. Also ausgehend von dem Wunsch, Jesus Christus zu noch mehr Macht und Herrlichkeit zu verhelfen, und nicht etwa ausgehend von den finsteren Absichten seiner Feinde, verübte Judas den Verrat.

Damit ist der ganze rätselhafte Umkreis abgesteckt, der das größte auf Erden jemals begangene Verbrechen, aber zugleich auch die für das Bewußtsein der Christen so anerkannte größte Heilstat auf Erden umgibt. Da ist ein Mensch, dessen Lebensschicksal sich so gestaltete, daß die hohen

Hoffnungen, Sehnsüchte und Ideen für ihn in seinem Leben nicht Realität werden konnten, und der darum im Zeitverlauf fortschreitend immer schwerere Verbrechen beging. Im schließlichen Rückblick empfindet er dann eine so starke Reue, d.h. er erleidet den Widerspruch zwischen den innerlichst erlebten Idealen und den vollbrachten Taten als so schmerzhaft, daß er für sich selbst nur den letzten scheinbaren Ausweg des Suizid wählt. Dem Bericht der Apostelgeschichte (Apg. 1,18) folgend entzweit sich sein erhängter Leib so, als sollte noch im physischen Bilde vorgeführt werden, was für das Seelenleben schon lange tragische Tatsache geworden war.

Mit dem Judasschicksal wird in bildhafter Form ausgesagt, daß die Ideen und Ideale aus den Seelentiefen eines Menschen heraus unter allen Umständen hervortreten, daß sie aber dann, wenn die Schicksalsverhältnisse unpassende sind, die nicht bewältigt werden können, sich statt in Liebe in Haß und Zerstörungswut ausleben werden.

## Kämpfer der Gegenwart

Als einen Kämpfer der Gegenwart bezeichnete sich der Christ und Revolutionär Michael Nothdurfter. Am 5. Dezember 1990 fand das Schicksal Michael Nothdurfters im Kugelhagel bolivianischer Polizei ein Ende. Es war das Schicksal eines Menschen, der in franziskanischer und jesuitischer Schulung seine christlichen Ideen zu feurig wirkenden Idealen verstärkte. In der italienischen Provinz Bozen aufgewachsen und erzogen, entschloß er sich als junger Mensch, sich den Ärmsten der Armen dienend zu widmen. Er kennzeichnet in einem Brief an seine Eltern das ihn in seiner Biographie leitende Motiv mit den folgenden Worten: "Die Wahrheit ist, daß mich die Passion, die Liebe zur Welt, zum Handeln drängt."[1] Aus einer solchen Gesinnung verlegt er den Ort seiner engagierten Tätigkeit nach Südamerika, um, von Jesus Christus und Karl Marx gleichermaßen fasziniert, in Irrenhäusern und Armenvierteln ein Helfer der Ausgestoßenen zu sein.

"Schon als Priesterstudent war Radikalität eine Maxime, die mich immer wieder dazu geführt hat, mich neu zu hinterfragen, nicht stehenzubleiben, Christus wiederzuentdecken, weiterzustreiten"[2], schreibt er selbst über seine innerlichste Motivation. Diese lebte er in der Art seiner Tätigkeit bis an den Rand physischer und psychischer Entkräftung aus, mehr von Enttäuschungen erschüttert als von Erfolgen bestärkt. Das Schicksal der politisch engagierten Jesuiten beeindruckt ihn. An seine Mutter schreibt er, wie sie "... wegen ihres offenen Widerstandes gegen das faschistische Regime in

Schwierigkeiten kommen, gefangengenommen, gefoltert oder sogar erschossen und ermordet werden"[3]. Solche Schicksale erschienen ihm als die der Märtyrer des 20. Jahrhunderts. So beging er mit seiner "Commision Nestor Past Samora" die Entführung des bolivianischen Coca-Cola-Chefs Jorge Lonsdale, um acht Millionen Dollar für den bewaffneten Kampf zu erpressen. Die Entführung einer solchen Symbolfigur des verhaßten US-Kapitalismus geschah für ihn sicherlich aus "gutem Gewissen" vor dem Hintergrund seines idealistischen Engagements für die Armen.

Das Schicksal dieses jungen 29jährigen Christen ist nur ein einzelnes aktuelles Beispiel dafür, daß sich ein Judasschicksal auch heutzutage immer wieder ereignet. In Kindheitszeiten in der katholischen Pfarrjugend engagiert und dann während und nach der Schulzeit um die weitere Befestigung seines christlichen Glaubens bemüht, sucht ein junger Mensch nach Möglichkeiten, in den äußeren Weltverhältnissen, auf der Grundlage seiner innersten Überzeugung handelnd, tätig sein zu können. Der tragische Zug entsteht in einer derartigen Biographie in dem Moment, in dem die Möglichkeiten karitativen Engagements immer mehr schwinden und parallel dazu sich die Verkehrung der ursprünglich in Liebe getragenen Intentionen in die Bereitschaft zur Gewalt vollzieht.

Somit gilt ein Mensch wie Michael Nothdurfter tatsächlich als eine Art Märtyrer für all diejenigen, die in der Auseinandersetzung mit den äußeren Weltverhältnissen innerlich zerbrechen und geradezu zur Ausübung der Gewalt getrieben werden, die sie in all ihrer seelischen Not noch für eine Möglichkeit hilfreichen Engagements erachten. Dieser Grundirrtum, urbildlich von einem Jünger Christi erlitten, bringt heute einem leider nicht mehr kleinen Teil der jungen Generation Irrtum und Verderben.

# MENSCH UND WELT –
# IM EINKLANG ODER IM WIDERSPRUCH?

## Vom Menschen und vom Schicksal

### Individueller Idealismus

Die Fragestellung *Mensch und Welt – im Einklang oder im Widerspruch?* ist eine, mit der sich schon fast jeder Mensch existentiell beschäftigt hat. Wie zahlreich sind die Momente, in denen sich zwischen Mensch und Welt der Widerspruch erhebt, im Verhältnis zu den wenigen Augenblicken, in denen der Einklang zwischen beiden Polen dieser Polarität erlebt werden kann! Ist es eigentlich möglich, wirklich willentlich einen Einklang erzeugen, schaffen zu können, oder wird dieser nur in besonderen Augenblicken gleichsam schicksalsgegeben erlebbar? Daß der Einklang ein Ziel ist, ist unbestreitbar. In jedem Menschen lebt er als Ideal, und jeder trachtet danach, die Welt und die Lebensverhältnisse um sich herum zwar nach den eigenen Vorstellungen, Hoffnungen und Sehnsüchten einzurichten, aber dies unbedingt nicht im Widerspruch zu den Intentionen anderer Menschen oder allgemeingültiger Verhältnisse. Je mehr jemand es vermag, sich mit größtmöglicher Kraft um einen solchen Einklang engagiert zu bemühen, desto stärker lebt sich in ihm eine Motivation aus, von der heutzutage fast nicht mehr die Rede ist: gemeint ist der Idealismus, oder – um es etwas genauer zu sagen – der individuelle Idealismus.

Ist es überhaupt noch möglich, ein idealistisches Verhältnis zur Welt, zum Schicksal und damit auch zu sich selbst haben zu können, also am einmal für wahr Erkannten festzuhalten, allen Widerständen zum Trotz? Oder: Hat eine idealistische Lebenshaltung überhaupt noch eine Berechtigung?

Was sich mit dem Idealismus verbindet, ist etwas Urpersönliches. Es ist zugleich etwas, was mit der Freiheit des Menschen zutiefst verbunden ist, insofern er hier selbst darüber entscheidet, welche Ideen (Aufrichtigkeit, Empfindsamkeit, Ehrlichkeit usw.) in seinem eigenen Leben zu Idealen werden sollen. In solchen Bildern von Idealen lebt sich ein Mensch mit seinem innersten Wesen aus. Sie sind darum nicht die sentimentale Würze im sonst so faden Lebensbrei, sondern der Lichtglanz eines individuellen, jeweils ganz typischen Menschenschicksals. Es stellt sich also mit Blick auf die

Ideale zugleich die Frage nach dem Menschenbild, d.h. nach dem Individuum schlechthin. Haben wir heutzutage überhaupt noch eine Vorstellung davon, was mit dem Begriff *Individuum* eigentlich gemeint sein kann? Oder bilanzieren wir – wie Adorno es unter dem Stichwort *Dummer August* notierte: "Mitten unter den standardisierten und verwalteten Menscheneinheiten west das Individuum fort. Es steht sogar unter dem Schutz und gewinnt Monopolwert. Aber es ist in Wahrheit bloß noch die Funktion seiner eigenen Einzigkeit, ein Ausstellungsstück wie die Mißgeburten, welche einstmals von Kindern bestaunt und belacht wurden. Da es keine selbständige ökonomische Existenz mehr führt, gerät sein Charakter in Widerspruch mit seiner objektiven gesellschaftlichen Rolle. Gerade um dieses Widerspruchs willen wird es im Naturschutzpark gehegt, in müßiger Kontemplation genossen."[4]

Ist das Individuum tatsächlich ein zu belächelndes Relikt einer längst vergangenen Zeit? Im Sinne eines ichzentrierten und darum möglicherweise idealistischen Weltbildes fordert Ulrich Beck "... ein aktives Handlungsmodell des Alltags, das das Ich zum Zentrum hat, ihm Handlungschancen zuweist und eröffnet und auf diese Weise erlaubt, die ausbrechenden Gestaltungszwänge und Entscheidungsmöglichkeiten in bezug auf den eigenen Lebenslauf sinnvoll zu kontrollieren. Das bedeutet, daß sich hier unter der Oberfläche intellektueller Spiegelfechtereien für die Zwecke des eigenen Überlebens ein ichzentriertes Weltbild entwickelt, das das Verhältnis von Ich und Gesellschaft sozusagen auf den Kopf stellt und für die Zwecke der individuellen Lebenslaufgestaltung handhabbar denkt und macht."[5] Der Gefahr, die eigenen Ideale und Schicksalsrichtungen aus dem Bewußtsein zu verlieren, kann man nur durch ein solches ichzentriertes Handlungsmodell begegnen. Interessant ist, daß man tatsächlich beobachten kann, daß sich allen – wie Ulrich Beck schreibt – intellektuellen Spiegelfechtereien zum Trotz ein solches ichzentriertes Handlungsmodell aufbaut. Im Hinschauen auf die Biographie des Judas haben wir im Ansatz schon gesehen, daß damit aber auch ein Gefahrenmoment gegeben ist, nämlich daß die ursprünglichen Liebekräfte in solche des Hasses umschlagen können. Von einer solchen menschheitsweiten Gefahr sprechen zahllose tragische Entwicklungen in unserem Jahrhundert eine deutliche Sprache.

## Der Widerspruch

Wenn man sich umsieht und fragt, wie sich der Stil in Kunst und Kultur in den letzten Jahren und Jahrzehnten entwickelt hat, könnte man davon sprechen, daß sich eine neue Nüchternheit, eine neue Sachlichkeit durchgesetzt hat. Alle scheinbar überflüssigen Farben und Formen verschwinden, und nur zarte Andeutungen sprechen von der Handschrift des Gestalters.

Mit eben dieser Sachlichkeit behandeln wir uns zunehmend auch gegenseitig. Man bemüht sich geradezu darum, Lebensfragen und Lebensprobleme unter allen Umständen so weit wie möglich zu versachlichen, und je sachlicher man mit einem Problem – das kann aber im Zweifelsfall ein Mensch sein – umzugehen versteht, um so besser. Diese Sachlichkeit kann man geradezu als das Gegenteil von Menschlichkeit erleben. Auch als ein Gegenteil von der zur Menschlichkeit gehörenden Romantik, die das Bild vom anderen noch in verklärten Zügen zu beschreiben vermag. Es ist in dieser Sachlichkeit immer weniger die Möglichkeit gegeben, gerade im Zwischenmenschlichen einen sozialen Idealismus, eine zwischenmenschliche Begeisterung auszubilden. Es ist immer weniger möglich, die tiefgreifenden – und das sind meistens die ersten – Eindrücke von einem anderen Menschen als enthusiasmierende Wirklichkeit zu begreifen.

Ein kleines Beispiel kann uns verdeutlichen, wie dies gemeint ist. Wir tragen vielleicht als das Idealbild einer Pflanze das Bild einer blühenden Rose in uns. Und in dem Augenblick, in dem eine Rose in der Natur zu voller Schönheit erblüht ist, erscheint das zunächst innerseelische Ideal in der äußeren stofflichen Realität. So lange die Rose vor uns steht, betrachtbar ist, ist uns auch unser Ideal einer blühenden Pflanze äußerlich gegenwärtig. Wenn nun die Rose einst verblüht sein wird, so werden wir unumwunden bekennen, daß zum einen zwar die äußere Verkörperung, die stoffliche Erscheinung unseres Ideals verschwunden ist, aber eben andererseits auch, daß das Ideal trotzdem und unabhängig von der äußeren Erscheinung fortbesteht.

Wie anders nimmt sich dies im Zwischenmenschlichen aus! Warum ein Mensch für uns besonders liebenswert sein kann, ist als innerseelisches Ideal längst vorgebildet, bevor wir einem Menschen begegnen, der dieses Ideal auch verkörpern kann. Tritt nun eine solche Begegnung ein, teilt sich die Erfahrung der Übereinstimmung von innerseelischem Ideal und äußerlicher Realität in dem ergreifenden Gefühl der Begeisterung und der Verliebtheit mit. Dieses ist der erste Moment der Begegnung, der erste und einnehmende Moment der Verliebtheit, also des Bewußtwerdens eines innerseelischen Ideals anhand einer äußeren Erscheinung.

Wenn wir nun in der Erinnerung an eine solche Erfahrung, die ein jeder von uns sicherlich sogleich hervorrufen kann, fortschreiten, der Gegenwart entgegen, finden wir Momente, in denen dieses erste Erlebnis, diese erste Erfahrung des anderen Menschen – sagen wir einmal – in Bewegung geriet. Es gab Momente, in denen wir die Objektivität der ersten Erfahrungen hinterfragten, anzweifelten. Durch irgendwelche Verhaltensweisen des geliebten Menschen hebt sich nun – man möchte sagen – die Idealvorstellung von der Wirklichkeit wiederum ab. Wir nennen das das Eintreten von Enttäuschungen, die natürlich graduell sehr unterschiedlich sein können. Und nun bildet sich ein Begriff von Wirklichkeit, bezogen auf die enttäuschenden Erfahrungen, und von Unwirklichkeit, bezogen auf die Momente der ersten Verliebtheit. Als unwirklich erscheint uns das Wesen des geliebten Menschen, so wie wir es einst sahen. Aber stimmt das? Entsprechen die enttäuschenden Erfahrungen mehr dem Wesen der Wirklichkeit jenes Mitmenschen als die leuchtende Erscheinung in den ersten Stunden, Tagen und Wochen der Verliebtheit?

Es gibt keine zwischenmenschliche Beziehung, die ohne einen solchen Prozeß der Auseinandersetzung auskäme. Dieser Widerspruch, der sich da erhebt, hat ein Doppelantlitz. Einerseits kann sich nur durch ihn die Treue bilden, also jene Kraft, die, allen Widerständen zum Trotz, am ursprünglich Erlebten festhält, es fortbildet und der Beziehung Dauer verleiht. Andererseits kann dieser Widerspruch mit tödlicher Macht in das Seelenleben eines Menschen eingreifen, und zwar immer dann, wenn eine zu starke Identifikation des Menschen mit seinem Schicksal eintritt. Ein Ideal ist keine Abstraktion, ein Ideal ist tatsächlich etwas Wesentliches, es ist eine Kraft, es ist eine geistige Entität, die mit dem Schicksal eines Menschen verbunden ist und deren Erscheinung bzw. Realisierung ihn in der äußeren Welt erkraftet und deren Erschütterung und Gefährdung auch ihn selbst gefährdet und erschüttert. So können die sogenannten Enttäuschungen zum einen an der Treue dieser hohen Kraft des Menschen bilden, andererseits auch sein Selbstbewußtsein untergraben. Finden seine Ideale keine Realisierung, vermag ihm sein äußeres Leben nicht in einer deutlich erkennbaren Beziehung zu den innerseelischen Idealen erscheinen, so wird er sehr persönlich betroffen sein, und je mehr er mit dieser eintretenden Betroffenheit tatsächlich persönlich verbunden ist, je weniger er sie zu verobjektivieren vermag, desto mehr wird sein Seelenleben geschwächt, indem es sich als erniedrigt empfindet.

In diesem Sinne vollziehen sich oft Erhöhungen und Erniedrigungen im Seelenleben, und es ist an uns, sie mit einem gewissen Gleichmut zu ertragen, unser Selbstbewußtsein inmitten der seelischen Bewegungen und Erschütterungen zu halten. Nun ist es auch eine Frage des Temperaments. Es gibt nahezu unerschütterliche Naturen, solche, die, allen Widerständen zum Trotz, an den ursprünglich gesteckten Zielen festhalten, und die nennt man *Idealisten*. So prägte einmal der alte Kirchenlehrer Augustin das durch Luther berühmt gewordene Wort: "Und wenn ich wüßte, daß morgen die Welt unterginge, würde ich heute noch einen Apfelbaum pflanzen." Indem wir uns den ganzen Sinn dieses Satzes verdeutlichen, uns ansatzweise ausmalen, was in der Seele Augustins lebte, als er diesen Satz sprach, erfahren wir einiges darüber, wie nah beieinander Wahnsinn und tiefe Frömmigkeit in der Seele dieses Kirchenlehrers lagen. Und gerade in diesem Sinne ist er eben ein reiner Idealist.

Fragen wir uns einmal, wie weit in unserer Zeit, unter dem Gebot der Sachlichkeit im Zwischenmenschlichen, noch die Möglichkeit besteht, den Idealismus, der sich in den Worten Augustins ausdrückt, zu verstehen: "Und wenn ich wüßte, daß morgen die Welt unterginge, würde ich heute noch einen Apfelbaum pflanzen." Gesetzt den Fall, daß ein solcher Weltuntergang tatsächlich vorhersagbar und für die nächste Zukunft wahrscheinlich wäre, wäre es doch geradezu absurd, noch einen Apfelbaum zu pflanzen. Wer sollte seine Früchte ernten, wer sich postum an der Arbeit des Pflanzers erfreuen? Und doch wird in diesem schlichten Satz deutlich, was eigentlich eine idealistische Tat besonders kennzeichnet: Es ist der Mut, in einer untergehenden, ersterbenden Welt noch die Keime für ein neues Leben zu pflanzen. Nicht, daß die Möglichkeit und Gefahr des Unterganges nicht anerkannt würden, Augustin würde die Pflanzung des Apfelbaums ja in vollem Bewußtsein des drohenden Weltunterganges vornehmen, aber selbst in diesem Bewußtsein, selbst im Angesicht dieser Gefahr würde er noch für ein künftiges Leben Sorge tragen.

Und nun ist ja deutlich, daß man unter Anwendung der üblichen – man möchte sagen – linearen Denkgewohnheiten ein solches idealistisches Handeln nur als verrückt bezeichnen kann, aber nur aus dem Grunde, weil man die Wirklichkeit, und damit die Wirksamkeit, der Ideale in der Welt nicht mehr beobachten und konstatieren kann. Denn wäre man in der Lage, über die Wirksamkeit der Ideale in den Weltverhältnissen etwas aussagen zu können, so würde man vielleicht auch einsehen, daß gerade durch die Pflanzung des Apfelbaums der an sich drohende Weltuntergang nicht eintritt, und zwar weil ein Mensch im Angesicht des nahen Todes, des nahenden Weltunterganges noch mit absolut innerster Überzeugung dem Prinzip der Wirklichkeit der geistigen Entität *Leben* gedient hat. Die ganze Dimension der Wirklichkeit der Ideale wird vom Menschen latent erlebt. Es ist für jeden von uns Gegenstand höchster Sehnsucht, Ideale in Übereinstimmung mit den äußeren Lebensverhältnissen bringen zu können.

Ich möchte das in späteren Abschnitten dieser Schrift noch etwas genauer betrachten, besonders werden wir auch anzuschauen haben, welche Folgen es hat, wenn ein Mensch in seinem Sinne nicht Idealist sein kann, vor allem, wenn wir zunächst über die Wirksamkeit der Widersprüche und Widerstände sprechen, die sich gegen den Idealismus und gegen einen jeden Idealisten erheben und die immer mehr werden. Vielleicht können wir dann am Schluß der Schrift an den so nachgezeichneten Gegenbildern erwachen und noch etwas Tragendes über die Wirksamkeit der Ideale im Gegensatz zu der Wirksamkeit der Widersprüche und Widerstände aussagen.

Der volle Ernst, der sich mit dieser Fragestellung verbindet, wird deutlich, wenn doch überall erkennbar ist, daß die Zivilisationsverhältnisse von einem solchen Auseinanderbrechen des innerseelischen Idealismus und der äußeren Weltwirklichkeit geprägt sind. So ist für uns am Ende des 20. Jahrhunderts resignativ die Frage aufgeworfen: "Wir sind am Ende einer Zivilisation; die Frage ist: sind wir am Anfang einer neuen?"[6]

An dieser Stelle kann man bemerken, wie ein jedes Jahrhundert äußerlich Denkmäler dafür schafft, wie es innerlich um es bestellt ist. Ein solches Denkmal für den inneren Zustand des zu Ende gehenden 20. Jahrhunderts ist das Atomkraftwerk in Tschernobyl. 1986 havariert und bald danach einbetoniert, muß man heute feststellen, daß die Betondecke porös und rissig geworden ist. Nun erhebt sich die alles entscheidende Frage, was in dieser Situation zu tun ist. Die Fachleute entscheiden, wie jeder Laie denkt: weiterbetonieren. So kann man sich ausmalen, wie durch die nächsten Jahrtausende hindurch ein Betonmantel an den anderen geklebt wird und so ein künstliches Gebirge mit einem höllisch gefährlichen Kern geschaffen wird.

Die Ruine von Tschernobyl steht insofern symbolisch da, als daß sie äußerlich zum Ausdruck bringt, was die Menschheit als Ungeist beherrscht: In besonders herausfordernden Situationen handelt man so, wie man schon immer zu handeln gewohnt ist. Und das, was man dann tun könnte, ist dem nicht gemäß, was man zum Beispiel mit so einem AKW angefangen hat. Die Möglichkeiten des Handelns übersteigen die Fähigkeiten, die Folgen des Handelns auch zu beherrschen. Dieses ist ein Charakteristikum unseres Jahrhunderts.

Wie gesagt, an dem Umgang mit der Ruine von Tschernobyl wird deutlich, wie man heute überhaupt mit den großen Weltproblemen umgeht. Tritt einem, bezogen auf die Technik, der ganze Wahnsinn eines solchen Verhaltens entgegen, mag man es schon gar nicht mehr auf das Soziale übertragen. Und doch verhält es sich da gar nicht anders. Wir sind in hohem Maße erneuerungsfeindlich. Ein Idealist im vorher beschriebenen Sinne gilt eben mehr als Verrückter denn als Menschheitswohltäter. Oder anders gesagt: Eine wirklich neue Idee geht meistens einen recht steinigen Weg bis zu ihrer Realisierung. Der Idealismus widerspricht so immer der Wirklichkeit, da er in bestehende Lebensformen den Keim der Erneuerung bringt. Und dabei kommt es dem Menschen zu – im vorhin gebrauchten Bild von der Rose gesprochen –, über das Verblühen der ersten begeisternden Augenblicke hinweg, an dem einmal für vage Erachteten in unerschütterlicher Treue, allen Widerständen zum Trotz, festzuhalten.

## Die alte Wirklichkeit

In dem Moment, wo sich eine Erneuerung in der Welt vollzieht oder vollziehen kann, müssen sich alle Lebensformen und Lebewesen verändern. Daß wir diesen Vorgang fürchten, hängt schlicht mit unserer Bequemlichkeit zusammen. Es gibt aber auch in jedem Menschen eine Sehnsucht, verändernd, wandelnd am Weltenzusammenhang teilhaben zu können. Ein junger Mensch beispielsweise wird im Laufe der Schulzeit über die Welt manches erfahren, wird ein persönliches Wissen von den Lebenstatsachen um ihn herum aufbauen. Nun kann man einerseits konstatieren, daß auf diese Weise ein Bedürfnis nach Arbeit genährt wird, daß man also anwenden will, was man gelernt hat, um mitzugestalten. Verschiedene Studien haben ergeben, daß die ganze Lernmotivation eines Schülers etwa von der 6. Klasse an von der Praxisorientierung des Schulunterrichtes abhängt.[7] Ein junger Mensch will von diesem Lebensalter an wissen, wofür er lernt, er will dauernd durch die Möglichkeit der Anwendung auf die Lebenspraxis prüfen können, was er zunächst rein theoretisch gelernt hat.

Andererseits bildet Wissen an der Liebekraft. Paracelsus sagt: "Der, der nichts weiß, liebt nichts. Je mehr Wissen mit einer Sache verbunden ist, desto größer ist die Liebe."[8] Nun gibt es aber auch den Aspekt, daß Wissen zum Gegenteil von Liebe und Erkraftung der Seele führt. Es wird dies vor allem dann zum Tragen kommen, wenn zum Beispiel unlautere Absichten mit dem Erwerb von Wissen verbunden sind. Darüber hinaus werden sich die Liebe- und Hingabekräfte schon anfänglich in solche der Zerstörung wandeln, wenn die Aufnahme des Wissens nicht wirklich praxisorientiert ist. Die Möglichkeiten der sozialen Integration eines Menschen hängen zu einem großen Teil davon ab, inwieweit er es vermag, aufgenommenes, er-bildetes Wissen auf die Zusammenhänge seines Lebensschicksals zu über-tragen. Von der Bedeutung der Art der Erbildung des Wissens für den Menschen spricht Rudolf Steiner mit folgenden Worten: "Jede Erkenntnis, die du suchst, nur um dein Wissen zu bereichern, nur um Schätze in dir anzuhäufen, führt dich ab von deinem Wege; jede Erkenntnis aber, die du suchst, um reifer zu werden auf dem Wege der Menschenveredelung und der Weltenentwickelung, die bringt dich einen Schritt vorwärts." Und dann mit anderen Worten: "Jede Idee, die dir nicht zum Ideal wird, ertötet in deiner Seele eine Kraft; jede Idee, die aber zum Ideal wird, erschafft in dir Lebenskräfte."[9]

Das Erbilden oder Ertöten von Kräften in der menschlichen Seele ist ein Vorgang, der über die Friedfertig- oder Gewalttätigkeit eines Menschen mit entscheiden kann. Hierbei ist wohl von Bedeutung, ob zu einem Menschen noch so etwas wie eine innere moralorientierte Stimme sprechen kann. Wie eine solche Stimme des Gewissens durch die Art der Erbildung von Wissen zum Schweigen gebracht werden kann, wird besonders an der Biographie Charles Darwins deutlich, der über diesen Aspekt seines Lebens autobiogra-phisch schreibt. Als junger Student war er ein ausgesprochener Liebhaber der bildenden und darstellenden Künste und darüber hinaus sehr religiös orientiert. Als Student lies er sich den Knabenchor von Cambridge aufs Zimmer kommen, um sich vorsingen zu lassen. Die Dramen von Shake-speare verschafften ihm durch tiefe Eindrücke bewegte Stunden, und der Besuch einer Ausstellung brachte die nötige beruhigende Ablenkung zwi-schen anstrengenden wissenschaftlichen Studien. Auf den ersten Seereisen wurde Charles Darwin von den Mannschaftskameraden wegen seiner Reli-giosität verspottet, denn alle wichtigen Lebensfragen versuchte er durch die biblische Weisheit zu beantworten.

Das große Verdienst des Charles Darwin ist weniger das Fazit seiner Entdeckung als die Art seiner Forschung, die für die Akribie eines Wissen-schaftlers von beispielhaftem Wert ist. Zahllose Tagebücher wurden vollge-schrieben und -gezeichnet und lieferten mit ihrer Faktenfülle die Grundlage für die wissenschaftlichen Folgerungen. Allerdings hatte diese Methode der Forschung auch Folgen für die Seele Darwins, denn die wurde – verglichen mit den Knaben- und Jugendjahren – immer ärmer und ärmer. Schließlich beklagt Darwin selbst den unbemerkt eingetretenen Verlust der Moral, d.h. den Verlust des inneren Maßstabes für Gut und Böse. Ich glaube, wir gehen nicht zu weit, wenn wir uns Charles Darwin in dieser gegen Ende seines

Lebens eintretenden Situation als einen des Idealismus beraubten Menschen vorstellen. Auch er selber beklagt diesen Verlust aus schmerzerfüllter Seele und regt an, zeit seines Lebens Übungen zur diätetischen Pflege der Seele zu machen.[10]

Diese Tragik im Leben Charles Darwins liefert den Tatsachenbeweis für die mit dem oben zitierten Wort Rudolf Steiners angedeutete Problematik: Indem die Ideale eines Menschen durch die Art seines Studiums an Kraft verlieren, erhebt sich für den betreffenden Menschen ein die Seele lähmender Widerstand. In fast jeder Biographie tritt das mehr oder weniger deutlich, mehr oder weniger kraftvoll auch ein.

Da will ein Schuljunge gerne Tischler werden, träumt von schönen Möbeln, die er entwirft und den Menschen zu bauen wünscht, ... und findet sich schließlich im Laden- oder Fensterbau wieder. Oder ein junger Mensch will gern studieren und findet keine Gelegenheit, allein wegen seiner dunklen Hautfarbe. Daran zerbrechen viele junge Leute, und nicht immer kann ein Schicksal so fortgehen wie im Fall des George Carver, einem Landwirtschaftsreformer, der über Umwege doch seinen Weg findet und ein außerordentlich verdienstvolles Berufsleben als Forscher und Lehrer nimmt. Oft wird die Liebekraft gelähmt und der ursprüngliche Idealismus verschattet. Es kommt dann zu einer Verkehrung der Ursprungsimpulse, denn so selbstverständlich Welt- und Menschenliebe eigentlich sind, so unausweichlich treten Haß und Zerstörungslust an ihre Stelle, wenn Ideen nicht Ideale werden können. Dies ist ein Menschheitsproblem, das mit voller Wucht jeden trifft, dem ein idealistisches Weltverständnis und -verhältnis verwehrt wird. Es kann allerdings das Schicksal eines Menschen so gezielt, so massiv eintreten, daß etwa im Angesicht einer todbringenden Krankheit ein Bewußtseinsaufbruch geschieht. So bekannte eine Frau im Erleiden des Todes ihrer vierjährigen Tochter die längst verschüttete Wahrheit: "Einige Leute kommen mit Argumenten wie: Wir können die Welt doch nicht ändern. Aber ich sag mir dann: Das stimmt nicht. Ich kann sie in meinem unmittelbaren Umkreis ändern. Wenn jeder in seinem Freundes- und Bekanntenkreis etwas machen würde, dann hätten wir letztlich die Welt ein Stück geändert."[11]

Aus diesem Zitat spricht die Wahrheit, daß ein jeder Mensch – ganz gleich an welchem Ort und in welchem Umfang wirkend – altgewordene Verhältnisse in seinem eigenen und im Leben anderer nachhaltig verändern kann. Hierbei ist es nicht entscheidend, wie unvermittelt und groß die Impulse sein werden, die von einem Menschen ausgehen, aber es ist wohl sicher entscheidend, daß man das Prinzip der Homöopathie, d.h. des Wirkens eines Heilmittels auf einen Organismus, auch auf das soziale Leben überträgt. Wenn wir vorhin sahen, daß dem Idealismus immer die sogenannte Wirklichkeit widerspricht, so können wir sie nun einerseits als die altgewordene Welt bezeichnen, andererseits an die Notwendigkeit der Auseinandersetzung mit ihr herantreten. Dabei soll uns Leitmotiv sein, was Bernard Lievegoed einmal folgendermaßen zum Ausdruck brachte: "Jede wahre Begegnung zweier aktiver Kräfte ist eine Art Heilung; echtes Heilen findet nur dann statt, wenn ein Wirksamkeitsbereich (der menschliche Körper oder die Pflanze beispielsweise) einen anderen in sich aufnehmen kann und dadurch ein Neues entsteht."[12] Hier wird sinnvollerweise pharmakologisch ausgedrückt, was der soziale Tatbestand ist: Das Wohl einer sozialen Gemeinschaft entsteht dort, wo sie sich als dauernd aufgeschlossen für neue Impulse erweist.

Hier geht es also um die Notwendigkeit und die Wirkungsweise des Widerspruchs. Im Sinne eines kleinen theologischen Exkurses kann man sagen, daß eine Art Urgegensatz am Beginn des Alten Testamentes, im Buch Genesis, als der von Mann und Frau beschrieben wird, und nichts ist so intensiv bearbeitet worden wie eben dieser Gegensatz, der tatsächlich etwas Urbildliches hat. Urbildlich auch darum, weil seine Überwindung durch die Liebe geschieht. Erich Fromm verfaßte das Buch "Die Kunst des Liebens", in dem er schreibt: "Das Bewußtsein der menschlichen Getrenntheit ohne Wiedervereinigung durch Liebe – das ist die Quelle der Scham. Gleichzeitig ist es die Quelle von Schuld und Angst."[13]

Der Gegensatz zwischen Mann und Frau, der Gegensatz zwischen Menschen überhaupt kann nur durch die Liebe überbrückt werden. Die ist nun wieder abhängig vom Wissen, von der Erkenntnis, denn im Sinne Paracelsus' können wir nur lieben, was wir wirklich erkannt haben, oder – die Umkehrung sei versucht – nur erkennen, was wir wahrhaft lieben.

Im Sinne der vorhin zitierten Worte Rudolf Steiners bildet man an seinem Wissen, indem man Ideen zu Idealen werden läßt. Die Idee eines liebenswerten Mitmenschen erscheint im Moment einer begeisternden ersten Begegnung in voller idealer Kraft, und ein solches Aufgehen, ein solches Erscheinen von Idealen in der äußeren Wirklichkeit verdunkelt sich – wie wir vorhin sahen – dann auch relativ schnell. Diese Verdunkelung wird durch die engagierte, aus vollständiger Freiheit heraus erzeugte Liebe eines Menschen erhellt, durchlichtet. Und dieser Vorgang – man könnte ihn auch das Ringen des Menschen um seine Ideale nennen – erscheint im Zusammenleben und Lieben von Menschen oft als Streit. Dabei, das können wir immer wieder konstatieren, muß ein solcher Streit, muß ein solches Sichregen und Ausleben von Aggressionen nicht unbedingt zerstörerisch sein, sondern kann ursprüngliche Intentionen sogar läutern, befestigen, bestärken.

So ist es möglich, die Frage nach dem Sinn der Liebe in der folgenden Weise zu beantworten: "Ist es möglich, enttraditionalisierte, konfliktvoll gewordene Liebe als eine immer moderne Sinnquelle zu begreifen? Meine Antwort: eine Frage. Wenn es richtig ist, daß Liebe eine der zentralen Quellen für Streit, für ätzenden Streit ist, der Männer und Frauen in ihrem Innersten bewegt, aufreibt, verletzt und sie zugleich zwingt, ihre Lebensformen, ihren Weg, ihre Zukunft, ihre Person, ihre Eigenschaften, ihr Wollen, ihren Glauben und Unglauben zu überprüfen und zu transzendieren, dann könnte es doch sein, daß der Sinn genau darin besteht. Nicht positiver, vorgegebener, autoritärer Eindeutigkeitssinn, sondern Streit, der aus der Substanz des Lebens quillt, auf diese zielt, diese zersetzt: dies wäre genau die Form des nachtraditionalen, innermodernen Sinns der Liebe."[14]

Geht man rein von dem aus, was zwei Partner im Laufe ihrer Ehe miteinander erleben und aneinander erleiden, erscheint der Inhalt dieses Zitates als das berechtigte Konzentrat einer Bestandsaufnahme. Nun ist es richtig, daß man mit besonders nahestehenden Menschen auch besonders heftig streiten kann, und es ist ein Faktum, daß man sich mitunter zum Bewußtsein bringt, daß dieser Streit eine durchaus förderliche Funktion haben kann. Es ist aber andererseits auch richtig, daß man nicht wegen des Streites, nicht wegen der Auseinandersetzung, sondern wegen des im ersten Augenblick erlebten Friedens, der im ersten Augenblick so deutlichen Übereinstimmung eine Partnerschaft begründet.

Auf die Frage, was denn eigentlich Idealismus sei, antwortete mir im Unterrichtsgespräch eine Schülerin der 9. Klasse: "Idealismus ist, wenn man mit aller Kraft, allen Widerständen zum Trotz, an dem einmal für wahr Erachteten festhält", und auf die Frage, was denn die höchste Form des Idealismus sei, gab sie die Antwort: "Die Liebe". Also die Liebe als die Möglichkeit, selbst im Streit den Idealismus zu erüben, Idealismus in das Handeln einzuführen.

Eine Erfahrung der Liebe nimmt sich vollständig anders aus als alles andere. Den Verlauf einer Reise kann man relativ gut beschreiben, genauso eine Landschaft, Kulturdenkmäler, das Wetter; beim Geschmack einer Erdbeere beispielsweise wird es schon schwieriger, in Worte zu fassen, was die Sinne uns vermitteln. Und nun erst bei einem Menschen. Wenn die Begegnung eine wirklich tiefgehende ist, schwinden die Worte. Es bleibt nur so etwas wie die Interjektion, die zwar eine eindeutige, aber schwer definierbare Aussagekraft besitzt. Im Sinne der Redensart, daß ein Mensch einen anderen ansprechend finden kann, könnte man des Menschen innerstes Wesen einmal als Wortwesen bezeichnen. Es spricht ein Mensch einfach durch die Art seiner Erscheinung, und was sich so mitteilt, ist viel mehr als ein definierbarer Inhalt: Es ist eben ein Wortwesen, das – verzeihen Sie die Paradoxie – gerade in der wortlosen Stille erscheint. In diesem Erfahren der wortlosen Stille enthüllt sich aber gerade die Realität, die enthusiasmieren, beflügeln kann.

Es ist nun gar nicht so einfach einzusehen, daß ein solches erstes Erfahren eines Menschen ebenso wirklich ist, wie das Bild des geliebten Mitmenschen zehn Jahre später, um dessen Beschreibung man eher zu viel als zu wenig Worte macht. Die Erfahrung eines Menschen oder einer Idee in der wortlosen Stille ist der Blick auf die eigentliche Wirklichkeit, und wenn wir auch wirklich meinen, was wir sagen, eine echte *Ent-täuschung*.

## Die neue Wirklichkeit

Zur Erfahrung der Wirklichkeit im eben beschriebenen Sinne gehört es, wie wir sahen, daß Vorgang und Inhalt kaum beschreibbar sind. Durch Jahrhunderte haben sich die Menschen in Gedichten, Liedern und Briefen bemüht, diese Erfahrung der wahren Wirklichkeit im ersten Augenblick einer menschlichen Begegnung, also die Erfahrung der Liebe, mitteilbar, wach erlebbar zu machen. Vollständig ist es nie gelungen.

In bezug auf die Entwicklung der Naturwissenschaft können wir von innovativen Entdeckungen, Leistungen sprechen, die in den letzten Jahrzehnten und Jahrhunderten errungen wurden. In bezug auf die Seelen- und Geisteswissenschaften kaum, wenn wir die Erklärbarkeit des dauernd Erfahrbaren meinen. Es ist, als wirke eine höhere Gesetzmäßigkeit so, daß die Spannung zwischen Erfahrung und Definition erhalten bleibt. In dieser Polarität liegt das *Leben*.

Im Blick auf die physikalischen Eigenschaften der Materie können wir, etwa bei der Radioaktivität, von akausalen Erscheinungen sprechen und bemüht sein, sie zu erklären. Im Blick auf die Wirksamkeit der Liebe werden wir erkennen und bekennen müssen, daß die Kausalität ihr Tod wäre. Die Liebe zur Sache oder zum Mitmenschen geht aus dem Wissen der erworbenen Erkenntnis hervor. Sie ist die treibende Kraft, wenn es gilt, Widerständen zum Trotz an einem einmal gefaßten Ziel festzuhalten. Sie ist in diesem Sinne die Keimkraft des Idealismus. Ebensowenig wie Liebe ohne Wissen ist, kann ein Idealist lieblos sein.

Wenn wir uns eben dem Moment der wortlosen Stille zuwandten und als Paradoxon erfuhren, daß es gerade diese wortlose Stille ist, die über dasjenige, was wir Wirklichkeit nennen, in größter Eindeutigkeit spricht, so haben wir uns einen Eindruck von dieser Stimmung verschafft, die wir als Status nascendi der Liebe bezeichnen können. Denn so wortlos der Mensch diesem Erlebnis gegenübersteht, so ist auch sein rationales Denken ausgeklammert. Die Liebe zu einem Menschen ist eine unberechenbare Größe und kann nicht ohne weiteres in Beziehung zu den sonstigen Tatsachen des täglichen Lebens gesetzt werden. Beruf, Alter und Herkunft eines Menschen sind einem für ihn gehegten Gefühl der Liebe meist nachgeordnet. Die praktische Verwertbarkeit eines Gedankens ist gleichgültig in dem Moment, in dem man sich an der Weisheit eines Philosophen erfreut. Und bei all dem gilt, daß je tiefer die Erfahrung zum Menschen spricht, je stärker die Erfahrung der Liebe auftritt, sich das Denken um so mehr aus seiner Erdgebundenheit löst. Immer mehr wird das Bewußtsein von Erfahrungen, von Inhalten erfüllt, die in der erlebten Reinheit in den Verhältnissen der irdisch-stofflichen Realität unmittelbar nicht zu erleben sind. Ein solches Erlebnis ist ein völlig anderes als das des rationalen Denkens. Vielleicht darf man es als übersinnlich, als geistig bezeichnen.

Der Inhalt solcher Erfahrungen ist ihrer Natur entsprechend schwer erinnerbar, denn die Fähigkeit der Erinnerung ist zunächst an das rationale Denken gebunden, das geistig-übersinnliche Erfahrungen nicht ohne weiteres zu ergreifen vermag. Wenn Ideale, also Erfahrungen der Wirklichkeit in der wortlosen Stille, jemals wieder im Innern des Menschen auftreten sollen, müssen sie immer wieder von neuem erzeugt, d.h. neubildend erlebt werden.

Somit verbindet sich mit dem Ausbilden und schließlich dem Darleben der Ideale ein dauernd schöpferisches Bemühen, das aber in der Auseinandersetzung mit den vorhin so genannten alten Wirklichkeiten gar nicht so einfach hervorzubringen ist. Nehmen wir dieses besonders deutliche Beispiel einer Partnerschaft. Wie schwierig ist es da, allen Lebensereignissen zum Trotz, an der Wirklichkeit der einmal erlebten Idealnatur des anderen Menschen festzuhalten und sich durch die im Zeitverlauf später erfahrbar werdende Schwächenatur von dem eigentlichen Wesen des Menschen nicht ablenken zu lassen. So ist erfahrungsgemäß eine Partnerschaft nur dann von Dauer, wenn sie immer wieder von neuem aktiv erbildet wird. Von allein aber geschieht das nicht. Es ist von unserem Zutun abhängig, ob die Beziehung zu einem Menschen Bestand hat oder nicht.

In diesem Sinne ist der Mensch also echt schöpferisch tätig, da ein wesentlicher Inhalt seines Lebens geradezu davon lebt, dauernd neu erschaffen zu werden. Ein Ideal kann als geistige Wirklichkeit in den irdischen Lebensverhältnissen nie ganz in Erscheinung treten, denn wenn die Lebensverhältnisse oder der Charakter eines Menschen ein Ideal verkörpern, ist das Ideal eben nicht mehr als eine rein geistige Entität vorhanden, sondern in gewisser Weise in eine äußere Erscheinung übertragen. Nun krankt unser Wirklichkeitsbegriff an seiner Einseitigkeit, da er im allgemeinen nur den Zusammenhang von Ideal und äußerer Erscheinung, also die Vielfalt der gegenständlichen Welt als Wirklichkeit anerkennt. Ebenso wirklich ist aber das der äußeren Wirklichkeit als rein geistige Entität zugrundeliegende Ideal. Dieses zu erleben, zu erkennen und dann immer wieder zu erbilden, dieses in den äußeren Lebensverhältnissen gestaltend zur Erscheinung zu bringen, ist die vornehmste und zugleich aber auch spannungsreichste Aufgabe, die den Menschen gestellt ist. Nun kommt es darauf an, inwieweit zwischen der Welt der zunächst rein geistig erlebten Ideen und Ideale und der Welt der äußeren stofflichen Erscheinungen eine größtmögliche Übereinstimmung hergestellt werden kann. Dort, wo diese Übereinstimmung nicht hergestellt werden kann oder aber erschüttert wird, bildet sich ein Quellort für Gewalt.

Für das folgende sind dreierlei Wirklichkeiten zu unterscheiden, wobei einer jeden ein eigenes Sein zukommt, keine weniger wirklich als die andere ist:

*Die Idee* – ist ein reiner Gedanke, der noch gar nicht in äußerer Weise in Erscheinung getreten zu sein braucht. "Eine Idee ist der im Geist gefaßte und festgehaltene Umriß eines Sachverhaltes in seiner Allgemeinheit, d.h. in seiner Reinheit von empirisch materiellen Besonderungen."[15]

*Das Ideal* – ist eine Idee, die eine Form oder einen Inhalt werden läßt. Im Sinne des eben über die soziale Problematik Ausgeführten setzt hier die Aktivität des Menschen ein. Das Ideal muß vom Menschen fortwährend neu geschaffen werden. Wird eine Idee so zum Ideal – erinnern Sie bitte die zitierten Worte Rudolf Steiners –, entsteht der Seele eine Kraft. Ein in dieser Hinsicht schöpferisch tätiger Mensch vervollkommnet sich selbst. Der Philosoph Schelling geht dem nach, indem er konstatiert, daß der Mensch, von Natur aus unvollkommen, auf diese Weise in der Entwicklung fortschreitet.[16] Der Geist geht damit über seine ursprüngliche Bestimmung hinaus und schafft sich selber eine neue Bestimmung.

*Die stoffliche Realität* –, im allgemein verstandenen Sinne, zeigt in der stofflichen Erscheinung auf, was einst schöpferisch-lebendige Idee der von geistig-physisch wirkendem Ideal ergriffenen Materie war.

So liegt einem Kristall die Idee hexagonaler Kristallisation und ein davon durchdrungener geistig-physisch-chemischer Stoffzustand zugrunde, was eben dreierlei Wirklichkeiten entspricht: der Idee, dem Ideal, der stofflichen Realität des Bergkristalls.

Was aber ist nun durch so einen erkenntnistheoretischen Exkurs gewonnen? Eugen Drewermann, einer der bekannten Theologen unserer Zeit, fordert die Neuentdeckung des mythischen Bildes.[17] Wenn auch die Ergebnisse seiner Überlegungen im Sinne unseres spirituellen Ansatzes problematischer Art sind, ist sein Grundanliegen verständlich. Im Bild kann vieles besser und erschöpfender verstanden werden, denn naturwissenschaftlich ist eben nur *eine* Wirklichkeit des Bergkristalls verstehbar. Für Drewermann sind die biblischen Berichte über die Weltentstehung nicht einfach Ausgeburten der menschheitlichen Frühzeit, sondern der mythische Ausdruck für die Ergebnisse hochbewußt geführter Überlegungen.

Was zu Zeiten Moses über den Weltanfang gewußt und aufgeschrieben wurde, war nicht weniger intelligent und geistreich als die heutigen vielen Versuche, die Kosmogonie naturwissenschaftlich darzustellen, sondern im Gegenteil über diese der Qualität nach weit erhaben. Gerade die im Buch Genesis gegebenen Schilderungen umgreifen sowohl die Ereignisse der kosmischen Evolution als auch die Phänomene der Bewußtseinsentwicklung, soweit sie den Menschen betreffen. Im Alten Testament wird an dieser Stelle die Erschaffung der Welt so beschrieben[18], daß der Geist Gottes über dem finsteren Urgewässer schwebt und spricht, daß es Licht werde. Da wurde Licht. Es ist ein Problem für die herkömmliche Exegese, daß zum Zeitpunkt dieses Lichtwerdens Sonne, Mond und Sterne als die Lichtträger im heutigen astronomischen Sinne noch nicht beteiligt waren, denn sie wurden im Sinne des Schöpfungsberichtes des Moses erst später erschaffen. Was für ein Licht war das also, das damals zu leuchten begann? Jedenfalls eines, das noch nicht im materiellen Dasein erschien, das allein sein geistiges Sein offenbarte. Bis heute bleibt uns dieses Licht weitgehend verborgen, insofern wir nur die Wechselwirkung des Lichtes mit der Materie im Hellwerden der Körperwelt wahrnehmen. Hier liegt eine Kongruenz mit der Erscheinung der zu Idealen gewordenen Ideen in der äußeren stofflichen Wirklichkeit vor. Im menschlichen Bewußtsein ereignet sich also im Kleinen, was der Beginn des gesamten makrokosmischen Weltwerdens ist.

Die Idee wird im Wort, im Begriff zum Ideal und gleichzeitig auf ein Formwerden bezogen stofflich-gegenständliche Realität, d.h. zum in der Erdenwelt erscheinenden Licht. Im Sinne der griechischen Philosophie bezieht der Evangelist Johannes dieses Lichtwerden auf den Menschen, wenn er in seinem Evangelium schreibt: "Und das Licht schien in die Finsternis, aber die Finsternis hat es nicht ergriffen."[19] Damit ist zugleich die ganze Problematik angesprochen: Ideen werden Ideale und werden von der Stoffeswelt, d.h. vom Menschen nicht ergriffen. Hier ist allerdings wesentlich, daß Johannes sogleich einen Menschen benennt, der als "Zeuge des Lichtes" auftritt.[20] Dies bedeutet, daß im Bewußtsein eines Menschen aufgehen kann, was das Bewußtsein der anderen Menschen nicht zu fassen vermag. In diesem Sinne mag uns Johannes der Täufer am Anfang des Johannes-Evangeliums als ein Zeuge des Lichtes und somit als ein Idealist gelten, der den Widerstand der Welt gegenüber der lichten Ideenwelt erleidet. Es erscheint hier die Begründung der christlichen Religion vor dem Hintergrund eines Menschenbildes, das vereinfacht so darzustellen wäre: Die Idee als rein geistige Entität, die irdischen Weltverhältnisse als stoffliche Realität und inmitten dieses Gegensatzes der Ideale erfassende, darlebende und fortwährend neuschaffende Mensch.

Vom inneren Anliegen bewegte sich ein so großer Geist wie Friedrich Nietzsche in diese Richtung, wenngleich seine Vision vom "Übermenschen" als die durch Wahnsinn entstellte Wirklichkeit erscheinen muß. Im "Zarathustra" schreibt er: "Und Zarathustra sprach also zum Volke: Ich lehre euch den Übermenschen. Der Mensch ist etwas, das überwunden werden soll. Was habt ihr getan, ihn zu überwinden? Alle Wesen bisher schufen etwas über sich hinaus: und ihr wollt die Ebbe dieser großen Flut sein und lieber noch zum Tiere zurückgehen, als den Menschen überwinden? Was ist der Affe für den Menschen? Ein Gelächter oder eine schmerzliche Scham. Und eben das soll der Mensch für den Übermenschen sein: ein Gelächter oder eine schmerzliche Scham."[21] Obwohl schon vom Wahnsinn gezeichnet, ist es ein Verdienst Friedrich Nietzsches, eine Idee von menschlicher Evolution über die menschlichen Verhältnisse hinaus gefaßt zu haben. Diese Entwicklung ist so lange undenkbar, wie man den Menschen als allein tierische Natur betrachtet. Fügt man aber den Aspekt hinzu, daß es dem Menschen zukommt, in einer idealistisch-kreativ gerichteten Art seine Lebens- und Weltverhältnisse nach eigenen Vorstellungen zu gestalten, so bekommt man in ganz positivem Sinne ein Bild von dem, was von Nietzsche in einer vom Wahnsinn entstellten Begrifflichkeit als der Übermensch beschrieben wurde. Die Idee vom Menschen über dem Menschen oder dem Menschen im Menschen richtet den Blick perspektivisch auf ein Evolutionsziel, das überall dort als Ahnung im Bewußtsein aufdämmert, wo ein Einzelindividuum in der Anwendung der ihm eigenen Freiheit, auf der Grundlage eigener Vorstellungen, die Lebensverhältnisse souverän zu gestalten in der Lage ist.

Dieses ist die neue Wirklichkeit, die sich für die Zukunft abzeichnet. An ihr mitzubilden, sie zu gestalten, ist die Triebfeder der Kreativität des Menschen. Insofern erscheint die Idee vom Übermenschen als der Ausdruck eines latenten Bedürfnisses, einer auf die Zukunft gerichteten Ahnung, die, mit dem ganzen Impetus des idealistischen Philosophen Friedrich Nietzsche aufgeladen, der Idealwelt eingefügt wurde.

Wenig später bricht im schauerlichen Wahnsinn des nationalsozialistischen Menschenbildes das Gegenbild dieser Idee in die Zeitverhältnisse ein. Exakt der Gegenbegriff ist es, der die menschenverachtende Propaganda der Nationalsozialisten bestimmt: der Begriff des Untermenschen. Unter diesem Begriff als grauenvolles Motiv vollzog sich schließlich die ganze menschenverachtende nationalsozialistische Hetzpropaganda und die Eskalation höllischer Gewalt. Damit war unserem Jahrhundert als Fanal die dämonische Verzerrung des eigentlich Gemeinten eingeschrieben.

Was aber bleibt, ist die Frage nach der neuen Wirklichkeit, die, hinter den Verzerrungen und Eskalationen des Hasses verborgen, die menschliche Sehnsucht nach Wandlung bestimmt. Diese Sehnsucht nach einer Erkenntnis des schöpferischen und darum freien Menschen, die bemüht ist, ihn als Mittler zwischen Idee und stofflicher Realität, als schöpferisches Verbindungsglied zwischen der Himmels- und der Erdenwelt zu verstehen, heißt, sich dem Idealismus einer neuen Zeit zuzuwenden. In letzter Konsequenz bedeutet dies, in die Auseinandersetzung mit den Traditionalismen der alten Wirklichkeit einzutreten.

## Der Idealist

Vor dem Hintergrund der Erneuerungsfeindlichkeit unserer Zeit erleben wir fortwährend, wie schwer es ist, etwas als Wahrheit erkannt zu haben und es dann auch in eigenes Handeln umzusetzen. In diesem Sinne ist der Mensch, der alte Mensch, tatsächlich zu überwinden. Lösen wir uns von der belasteten Begriffsbildung Nietzsches, sprechen wir statt vom Übermenschen ruhig vom Idealisten. Die Schwierigkeit, die Erkenntnis der Wahrheit mit dem eigenen Handeln zu verbinden, besteht unter anderem auch darin, die Verantwortung für sich ergebende Veränderungen persönlich zu übernehmen. Die Bereitschaft zu dieser Verantwortung steht im Gegensatz zur Bequemlichkeit, die die alten Verhältnisse anerkennt, nur weil der Krafteinsatz für das Neue gescheut wird. Dieses Problem fächert sich in weitere Probleme, die mit der Art der Veränderung zusammenhängen, weiter auf.

Am Beispiel der sogenannten Wiedervereinigung konnten wir erleben, in welcher Art Politiker den Anforderungen begegneten, die ihnen mit den Weltproblemen entgegentraten. Diese Erfahrung lehrt, daß Politiker wohl Menschen, aber oft zu wenig Idealisten sind. Die Idee einer neuen Gesellschaft konnte kaum zum Ideal werden, weil es an der an Liebe entzündeten Begeisterung für das wirklich Neue fehlte. Die allgemein eingetretene Verunsicherung gab Raum genug dafür ab, daß überkommene, im allgemeinen bewährte Wirtschafts- und Staatsformen mitunter nicht nur sprichwörtlich kopiert wurden. Damit trat an die Stelle der möglichen Erneuerung nur die Tradition des Alten. Sicherlich ist die dieser Tradition zugrundeliegende Intention menschlich zu nennen, aber idealistisch ist sie keinesfalls, denn der Idealist ist begeistert für das zunächst noch nicht im äußeren Sein Verwirklichte, setzt seine ganze Kraft dafür ein, die äußeren Weltverhältnisse nach dem inneren Vorstellungsbild zu gestalten und – dies ist vor allem wichtig – scheut nicht, sich selbst mit und an der Welt zu verändern.

Die Bereitschaft zu dieser Veränderung geht aus dem Enthusiasmus hervor, der die Liebe zu den Idealen ist. Diese Liebe hängt im Sinne des Paracelsus mit Erkenntnis, mit Wissen zusammen. Nun muß man sich natürlich gerade im Blick auf das eben erwähnte wirtschaftspolitische Ereignis von historischer Bedeutung fragen, ob die entscheidenden Politiker und Wirtschaftsmanager über die nötigen Erkenntnisse verfügten, um wirklich Idealist sein zu können. Hier sehen wir mindestens im Zusammenhang mit dem Wirtschaftsleben, daß aus einseitigen Interessen, nicht aber aus Erkenntnis gehandelt wurde. Wir dürfen also feststellen, daß die idealistische Handlung nur insoweit intentional ist, als daß die Übereinstimmung einer Erkenntnis eines rein geistigen Erlebnisses mit der äußeren Weltwirklichkeit gesucht wird. Hier ist das Erkenntnisbedürfnis selbst die Triebfeder und nicht ein irgendwie geartetes egoistisches Interesse. Erleben wir jedoch in unserer Zeit, wie der Widerspruch gegen den im allgemeinen so raren Idealismus zunimmt, so fühlen wir uns manchmal Augustin gleich, der, im Angesicht einer von egoistischen Interessen dem Weltuntergang entgegengelenkten Menschheit, im Bewußtsein des nahen Endes einen Apfelbaum pflanzt.

Es gehört ein gewisser Mut dazu, sich auf die Widerstände der Welt einzulassen. Heilung ist überall dort, wo zwei aktive Kräfte sich wirklich begegnen. Und zu so einer Erfahrung der Heilung gehört, anders als in der medizinischen Praxis, auch der Schmerz, den der Heilende selbst erleidet. Nicht nur der Schicksalsumkreis wird sich durch die Initiative eines Menschen ändern, sondern auch er selbst als Bestandteil dieser Gemeinschaft. Schaut der Idealist auf das Leben der Welt, sieht er nicht nur den anderen, dessen Anblick Nietzsche in Gelächter und schmerzhafte Scham versetzt, sondern er sieht auch sich selbst.

Es bedarf schon einiger Lebenserfahrungen, dies wirklich einzusehen. Ein jugendlicher Mensch wird vor dem Hintergrund der taufrisch in seiner Seele auftauchenden Ideen die Veränderung der Welt, der Mitmenschen einklagen, ohne zu sehen, daß auch er an solchen Entwicklungen Veränderungen erfährt. Wirkliche Entwicklungen lassen sich eben nicht einklagen, sondern stets nur erringen. Allerdings ist ein junger Mensch in den meisten Fällen noch nicht verbildet, sein Menschsein ist noch rein und in diesem Sinne der Welt der Ideen entsprechend. Manch ein Erwachsener erträgt die Jugendlichen nicht, weil sie die Welt der Ideen, die Impulse der Erneuerung rein und eben bedingungslos verkörpern. Mehr und mehr wird aber deutlich, daß nur die Widerstände von außen an einen Menschen herantreten, die auch in ihm selber als Bestandteil seiner Person vorhanden sind. In einer Liebesbeziehung zwischen zwei Menschen tritt mit der Verschattung des einst erlebten Idealbildes des anderen Menschen zugleich eine Furcht vor seiner möglichen Untreue auf. Diese Eifersucht aber ist nur da, weil im betreffenden Menschen latent eben diese Gefahr der Untreue lebt. Das Erleben der Schwäche eines anderen Menschen erscheint somit als die Projektion der eigenen Unzulänglichkeit. So dürfen wir tatsächlich sagen, daß das Idealbild vom anderen, das ganz im Anfang einer Partnerschaft den Menschen beseelt, durch die Schwächen des anderen Menschen verschleiert, in den Hintergrund gedrängt wird. Es sind aber gar nicht nur die Schwächen des Gegenübers, sondern die Schwächen meiner selbst, die den Ausblick auf die Wirklichkeit des anderen Menschen verstellen.

Im Verlauf einer Biographie kann der Mensch in dreifacher Weise zu einem Bewußtsein von der Veränderung der Weltverhältnisse durch sein eigenes, der Möglichkeit nach idealistisches Verhalten gelangen. Der junge Mensch kann auch sehnsuchtserfüllt erleben, daß die Lebensverhältnisse nach seiner Einschätzung doch geordnete sein könnten, wenn alle Menschen um ihn so wären wie er selbst. Dieser Traum ist zugleich Hintergrund seiner

Utopie einer besseren Welt. Diese wird aber zugleich aus einem tief im Unterbewußtsein liegenden Empfinden für das eigene Schicksal und sein Verhältnis zur Welt der Ideen einerseits und der Welt der äußeren Realitäten andererseits genährt und hervorgebracht. Was dem jungen Menschen vom Erlebnis her nicht klar ist, wird mit einem weiteren Entwicklungsschritt deutlich. Es ist die Erkenntnis, daß ein jedes Individuum sich selbst verändert, wann immer es bemüht ist, die Welt zu verändern. Diese Erkenntnis beschert das Leben, und mindestens können wir im obigen Sinne an den Gegenbildern bzw. Gegenkräften, beispielsweise der Bequemlichkeit, zu eben dieser Erkenntnis erwachen. Aber noch ein dritter Schritt ist nötig, der allerdings schon im Sinne einer spirituellen Entwicklung getan wird und der die Erkenntnis bringt: Verändere ich mich, verändere ich die Welt.

Dieser zuletzt genannte Gedanke ist ein Zentralmotiv der Bergpredigt, durch die Christus lehrt, daß ein jedes dem Mitmenschen zugesprochene Urteil zugleich die Maximen zur Beurteilung des eigenen Wesens abgibt, daß ein von Grund auf liebegetragenes Handeln zugleich am Fortschritt des eigenen Wesens bildet.[22]

Dieses vollständig darleben zu können, ist nur selten möglich, denn nirgendwo wird jemand dauernd Idealist sein können. Die Ideen von einer kulturellen und menschlichen Erneuerung sind die Wegmarken einer Entwicklung, die uns noch lange beschäftigen wird. Immer wieder wird man auch von Widerständen, den inneren und äußeren, überwältigt. So wenig aber darum die Ideen und die Ideale unwirklich sind, so wenig ist das Unvermögen im Sinne einer alten, abgestandenen Religion Sünde. Man möchte da mit dem Philosophen Solowjew sagen: "Es gibt nur eine Todsünde, die Verzagtheit. Denn aus ihr erwächst die Verzweiflung, und die Verzweiflung ist schon nicht mehr Sünde, sondern der geistige Tod selbst."[23]

Lassen wir es ruhig noch einmal vor unser Bewußtsein treten, daß der Mensch um so mehr Idealist ist, als er es vermag, allen Widerständen zum Trotz, d.h. unverzagt, an dem einmal für wahr Erachteten festzuhalten und es unter Einsatz seiner ganzen Kraft in die äußeren Weltverhältnisse gestaltend einzuführen.

## Ein spirituelles Menschenbild

Die Gefahr des geistigen Todes, der aus der Verzagtheit nach des Menschen Seele greift, ist zugleich die Hauptgefahr, die den Erneuerungsimpulsen droht. Immer wieder erhebt sich der Widerstand in Gestalt der alten Wirklichkeit und stellt sich dem freien initiativen Menschen so entgegen, daß die Impulse der Erneuerung im Kampf um Macht zur Verzagtheit gerinnnen, die dem Menschen sagt: Es lohnt nicht, du allein kannst es nicht vollbringen, du bist zu schwach. Hier muß das allgegenwärtige Bild vom Menschen aufbrechen und einem spirituellen Weltverständnis weichen: Verändere ich mich, verändere ich die Welt.

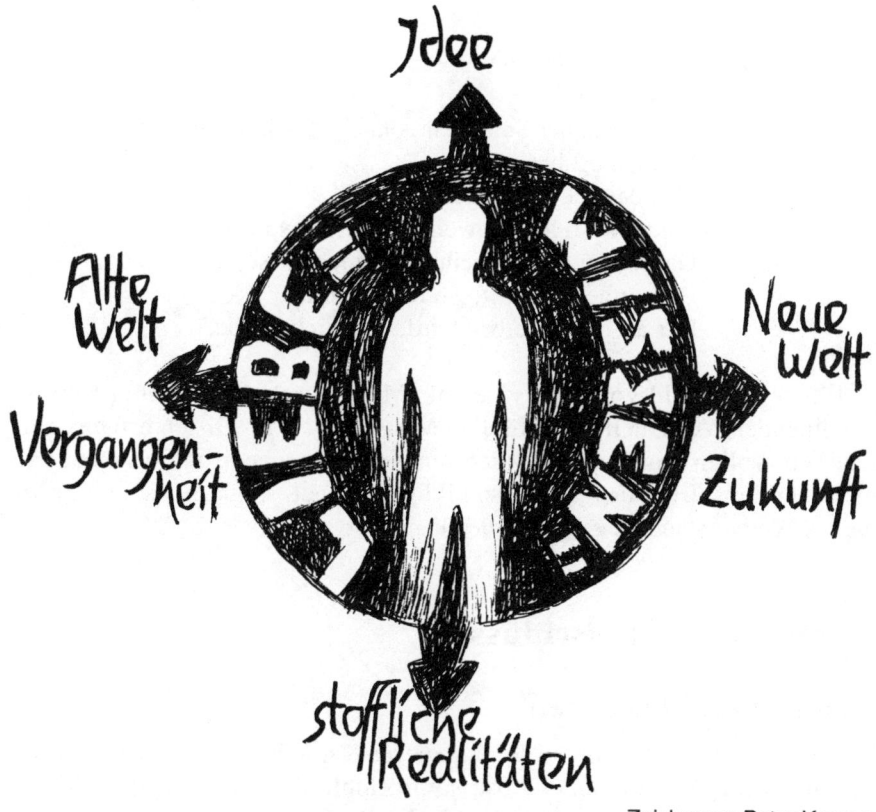

Zeichnung: Peter Krause

An dieser Zeichnung sehen wir den Menschen als ein Mittlerwesen hineingestellt zwischen die beiden Weltwirklichkeiten Idee und stoffliche Realität. Er kommuniziert mit diesen Wirklichkeiten durch die Kraft der Liebe, die zugleich sein Wissen, seine Erkenntnis ist. In dieser Weise verwandelt er die alte in eine neue Welt, nimmt die Vergangenheit und die Zukunft in sich zusammen.

Wenn nun gesagt wurde, daß Welt und Mensch sich gemeinsam unausschließlich verändern, so kann gesagt werden, daß im Menschen nicht nur Vergangenheit im Sinne gemachter Erfahrungen, sondern auch Zukunft im Sinne der eigentlichen Bestimmung aufleuchten kann. Der Mensch lebt ein altes und ein neues Menschsein im Hier und Jetzt. So kann er auch sich selbst als werdend erkennen, so wie es von Juan Jiminez in einem Gedicht gesagt wird:

> "Ich bin nicht ich
> Ich bin jener,
> Der an meiner Seite geht, ohne daß ich ihn erblicke,
> Den ich oft besuche,
> Und den ich oft vergesse.
> Jener, der ruhig schweigt, wenn ich spreche,
> Der sanftmütig verzeiht, wenn ich hasse,
> Der umherschweift, wo ich nicht bin,
> Der aufrecht bleiben wird, wenn ich sterbe."

Ein solches Bild vom Menschen als Mittlerwesen schlechthin kann in wohltuender Weise den Blick für den Menschen als Idealisten öffnen, weiten. Wir wollen nun in einem nächsten Kapitel genauer untersuchen, wie nicht nur ein spirituelles Menschenbild gezeichnet, sondern auch ein spirituelles Weltverständnis geübt werden kann.

# Aufgaben und Entschlüsse

## Glauben und Erkennen

Wiederum müssen wir uns zu Beginn dieses Kapitels fragen, inwieweit wir den Idealismus als ein bloßes Abstraktum empfinden oder aber die Ahnung ausgebildet haben, daß die Welt der Ideale eine Welt zwischen der der Ideen und der der stofflichen Realitäten, beide miteinander verbindend, ist. Wir wollen uns nun fragen, inwieweit Erkenntnisse über Welten, über Realitäten der sinnlich wahrnehmbaren Welt hinaus möglich sind. Dazu ist eine ganz andere Art des Erkennens nötig, von der hier allerdings nur im Ansatz die Rede sein kann.[24] Und doch kommt es darauf an, daß die Bemühung um solche Erkenntnisse das tägliche Handeln des Menschen begleitet und – man möchte sagen – erwärmt. Es geht hierbei um das Unternehmen, nicht etwa die Kräfte des Gedankens, also der Rationalität, oder aber des Wollens bis zur Erkenntnisqualität zu führen, sondern gerade im Bereich der Gefühle und Empfindungen anzusetzen. Dieses mag für manchen Erkenntnistheoretiker als ein ungewöhnliches Unterfangen gelten, bietet aber doch eine breitestmögliche Ausgangsbasis für das in Frage kommende Unternehmen. Es muß ja eine allen Menschen gemeinsame, vom Bildungsgrad unabhängige Kraft geben, die den einzelnen in die Lage versetzt, über die Bedeutung oder Unbedeutung seiner Ideen und Ideale zu entscheiden. Es muß eine allen Menschen gemeinsame Kraft geben, die als eine Art seelisch-geistiger Fokus in einem Ideal zusammenziehen kann, was mit einer Lebensfrage im besonderen verbunden werden will.

Diese Kraft ist das Gefühl, ist das Empfinden für Wahrheit. Dieses Gefühl kann soweit ausgebildet werden, daß es zu einem Sinnesorgan für das Wahrnehmen der geistigen Welt wird. Es ist nun natürlich die große Schwierigkeit gegeben, inwieweit man sich darauf einlassen mag, von diesem ersten Sichregen eines Gefühls oder einer Empfindung für Wahrheit zu einer Erkenntnis der Wahrheit selbst fortzuschreiten.[25] Bezogen auf die Ideen und die Ideale, und damit die den äußeren Verhältnissen zugrundeliegenden geistigen Kräfte, gibt es zunächst keinen sichereren Weg als von eben diesem Gefühl für Wahrheit auszugehen. Dieses ist der Ansatzpunkt für den anthroposophischen Schulungsweg, insofern er sich mit der Ausbildung von Erkenntnisfähigkeiten des Menschen in bezug auf eine nichtsinnliche, geistige Welt befaßt.

Diametral entgegen steht diesem Gefühl für Wahrheit das, was wir im gewöhnliche Sinne Bildung nennen. Es geht in dieser Hinsicht eben gar nicht um rationales logisches Denken, sondern es geht um eine ganz andere Seelenkraft, deren Qualität sich dem Menschen um so mehr erschließt, desto weiter er mit seinen eigenen Interessen und Intentionen zurückzutreten vermag. Wie dieses im Sinne einer seelendiätetischen Übung aussehen kann, beschreibt Václav Havel in seinen "Briefen an Olga": "Glaube ist für mich einfach ein bestimmter Zustand des Geistes, nämlich der Zustand andauernder und tatkräftiger Offenheit, ständigen Fragens des Bedürfnisses, immer neu und womöglich unvermittelt die Welt zu erfahren. Er strömt also nicht aus irgendeinem konkret definierten Objekt außerhalb meiner selbst in mich hinein. Quell der Beständigkeit und Kontinuität ist für mich nicht die Fixierung auf irgendeine unveränderliche Überzeugung, sondern sie ist vielmehr ein nie endender Prozeß des Suchens, der Entmystifizierung und des Dringens unter die Oberfläche der Erscheinungen, dabei nicht gebunden durch Treue an irgendeine vorgegebene und fertige Methode."[26] Was Havel hier als *Glaube* definiert, ist nicht einfach nur die Offenheit, also eine Gestimmtheit der menschlichen Seele, sondern ist eine Aktivität, nämlich die *tatkräftige* Offenheit, die bewußt hergestellte Offenheit. Der Glaube als Gestimmtheit der menschlichen Seele ist in etwa das gleiche wie dieses vorhin beschriebene Gefühl für Wahrheit. Der Glaube öffnet den Sinn für das Übersinnliche, für das rein Geistige, er erschließt die Welt der Ideen und Ideale für das menschliche Bewußtsein.

Nun fühlte sich Václav Havel während seines Gefängnisaufenthaltes geradezu dazu gedrängt, sein Seelenleben durch geistige Übungen dauernd zu trainieren. Seine Umgebung und all die Torturen, denen er zusammen mit seinen Mithäftlingen im Laufe eines Tages ausgesetzt war, nötigten ihm ab, immer wieder bewußt sein Seelenleben zu schulen, sollte er nicht an seinem inneren Wesen Schaden erleiden. So schreibt er: "Mein Ziel ist unvergleichlich bescheidener: so weit möglich nicht gezeichnet zurückzukehren, d.h. so zu sein, wie ich war, bevor ich hierher kam. Wenn mir das gelingt, werde ich völlig zufrieden sein. Wenn mir noch etwas darüber hinaus gelingt, etwa das, was ich 'geplant' habe, als ich Dir nach meiner Verurteilung geschrieben habe, werde ich mehr als froh sein; nur daß ich heute schon weiß, daß sich solche Dinge einfach nicht planen lassen. Verändert sich der Mensch zum Besseren, so geschieht das irgendwie 'von selbst', aus dem Wesen der Seele und des Lebens heraus, unter dem Druck der Erfahrung; keineswegs also, weil man es so geplant hat. Im übrigen stellt man ohnehin erst danach fest, ob überhaupt etwas derartiges geschehen ist."[27] Es geht Václav Havel also darum, an den Verhältnissen im Gefängnis keinen Schaden zu leiden und darüber hinaus Kraft darauf zu verwenden, sich einer Veränderung gemäß zu verhalten, die in vollem Umfang nicht von einem selbst ausgeht, deren Zustandekommen man auch erst im Nachhinein im Rückblick bemerkt.

Václav Havel hat unter diesen Gesichtspunkten eine dreifach gegliederte Übung entwickelt, die er ebenfalls in seinen "Briefen an Olga" beschreibt. Über die erste dieser Übungen, die er *die Erinnerung* nennt, schreibt er: "Ich habe Dir einmal schon davon geschrieben, daß ich mir in den ersten Tagen und Monaten sehr lebendig und fast physisch all die konkreten Dinge vorgestellt habe, die mein Leben draußen formen und die mir verwehrt sind. Sehr intensiv habe ich mich nach ihnen gesehnt und mich direkt sinnlich auf sie gefreut. Jetzt – im Abstand der Zeit – ist dieses Erleben bei weitem nicht mehr so unmittelbar und so dringlich, und mein Zuhause (mein 'konkreter Horizont') wirkt in mir immer deutlicher eher durch seinen Sinn, seinen sittlichen Gehalt, seine Ansprüche und Hoffnungen, also durch etwas, was unter seiner Oberfläche der Sinneserfahrung liegt."[28] Es fächert sich diese erste Übung der Erinnerung zunächst in eine zweite Stufe des Übens auf, die Václav Havel *das Vorstellen* nennt. Das Vorstellen, insofern sich das Erinnern von den Gegenständen der Erfahrung löst, besteht also nur noch in einem Nacherleben der mit der Erfahrung verbundenen Empfindungen. Für eine dritte Stufe dieser geistigen Übung, die sogenannte *Sammlung*, verfeinert sich dieses Empfinden so weit, daß es sich fast vollständig von den Erfahrungen der Außenwelt ablöst. Die Sammlung sei nach Havel Ausdruck der tieferen und geistigeren Beziehung zu den mannigfaltigen Werten der Welt und seines Lebens.

Es fällt nun sicherlich schwer, so lange wir nicht auf eigene Erfahrung mit dieser dritten Gestimmtheit der Seele zurückgreifen können, uns vorzustellen, was mit diesem Begriff der Sammlung eigentlich gemeint ist. "So etwas wie die höchste Phase dieser 'Sammlung' ist schließlich meine letzte und beste gute Stimmung. Schwer, sie kurz und präzis zu charakterisieren; es ist dies der Zustand einer Art allgemeinen und wesentlichen Freude am Leben, daran, daß ich bin, daß mein Leben – trotz allem – irgendeinen Sinn hat, daß ich etwas Gutes getan habe, daß es Menschen gibt, die mich begreifen, mich verstehen, mit mir mein Schicksal – sei es auch nur auf Entfernung und auf einer allgemeinen Ebene – teilen; die erfassen, was ich will und warum ich dieses oder jenes tue, die an mich denken, sich um mich sorgen und mir Gutes wünschen und – was wohl überhaupt das Wichtigste und Schönste ist – die mich gern haben. Dies ist ein Erlebnis der Offenbarung und Vergegenwärtigung einer sonst ziemlich verborgenen, aber zugleich aus dem Hintergrund alles bestimmenden geistigen Dimension, nämlich der Dimension des Glaubens, der Hoffnung und der festen Überzeugung vom 'Sinn'."[29]

Wenn wir uns nun einmal darum bemühen wollen, auszumachen, in welcher Lebensphase diese Sammlung als die vordergründige Stimmung erlebt wird, so kommen wir auf die Lebensphase der Kindheit. Je kleiner das Kind, um so mehr lebt es ganz in der Stimmung, die Václav Havel als die der Sammlung beschreibt. Es ist ganz hingegeben an sein Leben, an die Freude darüber, daß es ist, an die Freude über die ihm zukommenden Zuwendungen, voller Vertrauen und Liebe. Je älter der Mensch wird, um so weniger kann die Sammlung die vorherrschende Stimmung der Seele sein. Sie tritt in herausgehobenen Momenten des Schicksals auf und dabei ganz besonders in den Momenten enthusiastischer Begeisterung oder Verliebtheit in einen anderen Menschen. Was Havel als die Folgen der Sammlung beschreibt, stellt sich in solchen Momenten ein: "Manches klärt sich unauffällig, manches festigt sich still, manches wird geordnet und klassifiziert, manches Oberflächliche und Verrückte wird aufgegeben, manches wird tiefer bewertet."[30] In diesem Sinne kann man sich nur viele tragende Momente der Sammlung wünschen, weil in ihnen die Offenheit, die tatkräftige Offenheit, zum Erlebnis wird. Diese tatkräftige Offenheit ist notwendig, um die Übertragung der Ideen, der Ideale in die Welt der äußeren Erscheinungen zu ermöglichen. Überall dort, wo diese tatkräftige Offenheit nicht erlebt werden kann, geschehen Verzerrungen der in ihrem Wesen geistigen Erlebnisse und Erfahrungen an Verhältnissen und Mitmenschen, geschehen Erschütterungen, die oft zum Ausgangspunkt von Gewalt werden.

Um also einen ersten Schritt in die Richtung zu tun, daß das eigene Verhalten und Handeln in der Welt von real erlebtem Frieden getragen wird, ist es nötig – möglicherweise im Sinne der durch Havel beschriebenen Übungen –, an einer tatkräftigen Offenheit der Seele zu arbeiten. Dabei wird es allerdings – wie wir bereits sahen – immer schwieriger, die gemachten Erfahrungen rational zu deuten und zu klären. Es wird einer gewissen Anstrengung bedürfen, diesen Zustand auch wirklich anzuerkennen, was aber nichts anderes heißt, als mehr und mehr die Erkenntnisqualität der Gefühle und Empfindungen zu entdecken.

## Das Erleben der Ideenwelt

Die Stimmung der Sammlung lebt sich – wie wir sahen – vor allem im kindlichen Bewußtsein aus. Ein Kind sieht die Welt von ihrer lauteren, reinen Seite und ist in diesem Sinne mit seinem ganzen Wesen den Erfahrungen der Umwelt und der Mitmenschen hingegeben. Damit ist die grundsätzliche Stimmung der Verehrung der Natur, der Erwachsenen usw. verbunden, die vielleicht mitunter erschüttert, zum Erstaunen der Erwachsenen jedoch oft von einem Tag zum anderen wiederum aufgebaut, reaktiviert werden kann.

Nun ist es ähnlich schwierig, wie die Bedeutung des sogenannten ersten Augenblicks in der Begegnung mit einem dann später vielleicht innig geliebten Menschen als das Gewahrwerden der wahren Wirklichkeit zu deuten, dieses kindliche Bewußtsein in seiner tiefen Berechtigung anzuerkennen. Wer sagt denn, daß die von Kind an der Welt erlebte Wirklichkeit nicht genauso real ist wie die Außenseite, die sie uns Erwachsenen zeigt?

Indem die Weite und die Tiefe einer Idee an einem Menschen oder einem Gedanken erscheinen, enthüllt sich eine hohe Wirklichkeit. Wir sahen, daß den Idealen die stofflichen Realitäten, den Idealen die Ideen zugrunde liegen. Wollen wir uns in sinnlichen Bildern verständigen, müßten wir den Fortgang von der stofflichen Realität hin zu der Idee als einen Aufstieg vom Stoff zum Geist beschreiben. Damit löst sich unser Denken aus den gewohnten Strukturen, versagt zunehmend die Möglichkeit, Erfahrungsinhalte im üblichen Sinne in Worte zu bringen. Wer kann die Erfahrung der Liebe, wer die Wahrheit eines Gedankens beschreiben? Es bleibt in dieser Hinsicht ein Rest des Unsagbaren, des Unbeschreiblichen. Einen Zugang zu solchem Erleben erwerben wir uns durch die Erkenntnis, daß Liebe nie ohne Wissen ist, wie Paracelsus sagt, und doch ist es so, daß die Fülle an Fakten und Erkenntnisbemühungen nur zum Ziel *führen* und letztlich ganz in den Hintergrund treten.

In unserem Jahrhundert gab es eine auf dem Gebiet der Naturwissenschaften außerordentlich erfolgreiche Forscherin, die in ihrer Kindheits- und Jugendbiographie gerade das Gegenteil von den die ursprüngliche Reinheit des Idealismus trübenden Erfahrungen des Judas erlebte. Gemeint ist Marie Curie, die als hochbegabtes Kind mit einer erstaunlichen Sicherheit, allen äußeren Widerständen zum Trotz, ihren wohl in gewisser Weise vorgezeichneten Lebensweg beschritt. Was mag Marie Curie alles in ihr Bewußtsein aufgenommen haben, während sie schließlich in ihrem armseligen Labor in mühsamer Arbeit gerade noch wägbare Mengen Radium aus Tonnen von Uran herauskochte. Es war die idealistische Begeisterung für die Idee, die bis dahin erkannten Grenzen der Stofflichkeit zu überschreiten, zu überwinden. In den Dienst dieser Sache stellte sie ihre ganze Kraft und ihr ganzes Wissen. Der ganze Kenntnisstand der Physik der damaligen Zeit lebte in ihrem Bewußtsein, das für das Neue, das Unbekannte entflammt war. So arbeitete sie sich in die stofflichen Realitäten, man möchte sagen, tiefer ein als je ein Mensch zuvor. Schließlich führten ihre Bemühungen zu einer großen Entdeckung, und dieser Moment, als sie mit ihrem Ehemann Pierre nachts in ihr dunkles Labor trat, ihn anwies, das Licht nicht einzuschalten, war einer, in dem alles erworbene Wissen dem Staunen wich: In gespenstigem Leuchten in den aufgestellten Reagenzgläsern strahlte die neu entdeckte Substanz. Dieses Erleben "wortloser Stille" lenkt die Begeisterung der beiden Forscher auf ein Gegenbild. Aber eben dieses erscheint in voller

Klarheit. Es ist dem idealistisch begeisterten Menschen gelungen, an den Labortischen eine Art Vorgang der Wandlung herbeizuführen, der sich dann im Sinne einer Verzerrung im Lichtscheinen der Materie mystifiziert offenbart.

Bewußtseinsaufbrüche auf dem Gebiet der Naturwissenschaft zu sehen, fällt nicht sonderlich schwer. Sie haben sich in den letzten Jahrzehnten häufig ereignet. Das ganze Wohl und Wehe, das mit der Entdeckung Marie Curies verbunden ist, kann uns Heutigen zum Bewußtsein kommen, wobei es gar nicht so einfach ist, über die Gegenbilder erhaben zu sein, der Wahrbilder bewußt zu werden. Bedeutet das aber, daß sich die Entwicklung der Menschheit nur einseitig vollzogen hat? Vom Gesichtspunkt der materialistischen Natur und Geisteswissenschaft ist dies zu bejahen. Es ist darüber hinaus für viele Menschen kein Bild mehr vom eigentlich geistigen Wesen der Welt vorhanden, da wir als Erwachsene, anders als die Kinder, vieles durchdringen müssen, was unseren Blick verstellt. – Rainer Maria Rilke dichtete einmal:

> "Wenn es nur einmal so ganz stille wäre.
> Wenn das Zufällige und Ungefähre
> verstummte und das nachbarliche Lachen,
> wenn das Geräusch, das meine Sinne machen,
> mich nicht so sehr verhinderte am Wachen –:
> Dann könnte ich in einem tausendfachen
> Gedanken bis an deinen Rand dich denken
> und dich besitzen (nur ein Lächeln lang),
> Um dich an alles Leben zu verschenken
> Wie einen Dank."[31]

"In einem tausendfachen Gedanken bis an deinen Rand dich denken" ist ein Erlebnis, das in zweierlei Richtung erfahren werden kann. Marie Curie wählte die Richtung, zusammenhängende Elemente der stofflichen Realität soweit voneinander zu trennen, bis ein neues Element mit bis dahin unbekannten Eigenschaften erkennbar wurde. Der Augenblick der Entdeckung mag als ein weltgeschichtlich bedeutsamer gelten, in dem fortan Stoffe am Rand der Stofflichkeit gefunden werden können. Damit ist das Gebiet der stofflichen Realitäten fast bis auf das der Ideale und Ideen ausgedehnt. Nachdem die Eigenschaft der Radioaktivität, beispielsweise in der Stoffeswelt, erschien, scheint der Weg zu einem Weltenanfang gewiesen, der sich nicht spirituell, sondern allenfalls in zur Zeit noch unbekannter materieller Art vollzogen hat. So ist man zunehmend bemüht, die Ansicht von einem geistigen Ursprung alles Lebens durch den Gegengedanken, den vom materiellen Ursprung allen Geistes zu ersetzen. Auf der einen Seite verfügen wir über ein Erkenntnisvermögen, das ausgehend von der Materie zu den Ursachen ihres Lebens vorzudringen vermag. Dieses nennen wir 'rational'. Auf der anderen Seite müssen wir uns der Frage stellen, inwieweit der umgekehrte Vorgang, der Verlauf vom rein Geistigen hin zu den Realitäten der Stoffeswelt bedeutsam und darstellbar ist.

Auf dem ersten Wege bewegt sich im allgemeinen die Naturwissenschaft. Sie muß allerdings irgendwann bekennen, daß Erkenntnisgrenzen erreicht werden. Alles, was auf diesem Wege erreicht werden kann, muß letztlich doch als subjektiv, weil vom geistigen Vermögen des Forschers abhängig, erlebt werden. Das Höchstmaß an Freiheit bestünde dann in der Erkenntnis der ihr an solchem Punkt gesteckten Grenzen. Zu dieser von Resignation gezeichneten Erkenntnis fand der Professor für Neurologie und Wissenschaftspublizist Hoimar von Ditfurth.[32] Er spricht – so müßte man korrekterweise sagen – in diesem Sinne ganz aus dem Ungeist der Zeit. Allerdings ist diese Resignation auch Ausdruck einer Angst vor der Grenzüberschreitung. Denn diese Grenzen, die dem zunächst an die Erfahrung der Sinneswelt gebundenen Bewußtsein gegeben sind, zu überwinden, hieße im Sinne der vorgezeichneten Denkrichtung, die materielle Welt zu verlassen, d.h. aber zu sterben. Die Überwindung der scheinbar unüberwindlichen Subjektivität kann dieser Meinung folgend nur dann geschehen, wenn man sich selbst verläßt, sich selbst verliert, was dann konsequenterweise mit dem materialistischen Bild von Tod und Sterben verbunden wird. So glaubt man heute vielfach immer noch, daß der Tod die absolute Grenze des Lebens ist, und sieht diese Ansicht durch ein Erleben der sogenannten Erkenntnisgrenzen bestätigt. Die Tätigkeit des menschlichen Geistes erscheint für diese Ansicht aber stets als eine solche, die die stoffliche Realität auszudehnen, auszuweiten bemüht ist. Sie folgt somit ausschließlich den Gesetzen des Todes.

## Der Mensch begreift sich als geistiges Wesen

Ist das eben beschriebene Denken vor allem der Naturwissenschaft zu eigen, erleben wir im sozialen Leben fortwährend das Gegenteil. Die eigene Idee einer möglichen Lebensform ist längst vorgebildet, wenn Menschen und

Verhältnisse auftreten, die ihr mehr oder weniger entsprechen. Je weiter die Idee sich nun gleichsam verkörpern kann, desto mehr können wir uns mit den Menschen und Verhältnissen verbunden fühlen. Dieses ist der Weg einer ursprünglich rein geistigen Realität zur Erscheinung in der Stoffeswelt, also der einer Geburt. Vor dem Hintergrund einer so gerichteten Auseinandersetzung des Menschen mit den irdischen Lebensverhältnissen stößt sein Erkenntnisvermögen nicht an Grenzen, sondern umgreift den Raum der Ideenwelt, der viel weiter ist als der der materiellen Erscheinung.

Nur aufgrund eines einseitigen Begriffs von Wirklichkeit, der allerdings sehr fest sitzt, neigen wir dazu, eher vom materiellen als vom geistigen Sein ausgehend Erkenntnisse zu bilden. Um über Aufgaben und Entschlüsse zur weiteren Klarheit zu finden, wollen wir versuchen, etwas über die Herkunft des Menschen, also über das Vorgeburtliche zu schreiben.

Die Frage nach Wesen und Herkunft des Menschen schien im 19. Jahrhundert ihrer Antwort nähergekommen zu sein, als Gregor Mendel anfänglich das Evolutionsprinzip entdeckte. Die Vielfalt materieller Erscheinungen – so scheint es seither – hängt allein von Gesetzmäßigkeiten ab, die letztlich im materiellen Sein begründet sind. Daß Mendel durch seine Entdeckung Gott entthronte, kann gewiß in einer bestimmten Hinsicht gesagt werden: indem nämlich die Vereinseitigung der Erkenntnis, das Primat der Materie postuliert wurde. Lehrte die Kirche bis dahin, daß einer jeden Menschwerdung ein originärer Schöpfungsakt zugrunde läge, sah man nun nicht mehr, was *eigentlich* gemeint war. Die Idee *Mensch* erscheint mit und durch ein jedes Individuum in einzigartiger Weise. In allen Handlungen drückt sich der Mensch vollständig aus. Daß er vor allem in leiblicher Hinsicht auch Mensch unter Menschen ist, ändert nichts an der Einzigartigkeit seines Wesens. Freilich muß hier vorausgesetzt werden, daß die Erlebnisform zugänglich ist, die Rilke so wunderbar beschreibt: "Dann könnte ich in einem tausendfachen Gedanken bis an deinen Rand dich denken." Was sich in solchen Momenten dem Bewußtsein erschließt, ist mehr als die Außenseite. Es ist das Wesen eines Menschen. Alles, was unwesentlich ist, ihn anderen Menschen ähnlich macht, tritt zurück. Hier dürfen wir uns an die Art der Wahrnehmung der Kinder erinnern: Wie mächtig erlebt es den Erwachsenen, der vor der Tür zum Weihnachtszimmer steht, den Finger auf die Lippen legt und alle Kinder still werden läßt! Wie bedeutend ist das Marienkäferlein im Strandsand! Es ist nicht weniger wert im ganzen Weltzusammenhang als die Kuh, die Gerste, der Mensch. Den Wind, jenen mächtigen Himmelsfürsten, kann das Kind noch auf ganz andere Art fürchten als die

Erwachsenen. Und ist das, was das Kind da erlebt, etwa weniger wahr als das, was wir Erwachsenen erleben? Wer wertet so, und was übersieht er dabei?

Dem kindlichen Bewußtsein ist der Blick auf das Wesentliche noch nicht verstellt. Es erlebt an seinen Mitmenschen durch die allzu menschlichen Seiten hindurch das Urindividuelle, den Wesenskern. Damit erscheint ein Mensch als einer höheren Ordnung angehörend, und wir wollen diesen Gegensatz zwischen dem – sagen wir einmal – himmlischen und irdischen Menschen im Menschen genauer erfassen:

Wenn wir im Sinne der Redensart ein Verhalten als menschlich bezeichnen, meinen wir nicht immer etwas, das hohe Ideale ausdrückt, also etwa: Lehrer sind auch nur Menschen. Damit ist gesagt, daß wir mit etwas Unindividuellem, mit unserer Schwächenatur, mit anderen Menschen zusammenhängen.

Bilden wir gleich den Gegengedanken. Indem der Lehrer als Lehrer handelt, sich dieser Anrede als würdig erweist, wird dann etwas anderes, Individuelles sichtbar? Das stimmt insofern, als daß sich ein Menschenwesen mit einem hohen Berufsziel, einem Ideal verbunden hat. Und wenn es auch so ist, daß es viele Lehrer, nicht nur einen, gibt, also mehrere Menschen mit einem gemeinsamen Ideal im Leben wirken, läßt diese Verbindung doch frei, das Individuelle eines Menschen kann erhalten bleiben.

Ideale sind Ideen, die durch des Menschen Handeln in die irdischen Lebensverhältnisse getragen werden. Erinnern wir uns an die Weltentstehung nach dem Buch Genesis und an das Johannesevangelium: Ideen sind Licht, das im menschlichen Bewußtsein aufleuchten kann. Dieses Licht erlebt ein kleines Kind im Hinschauen auf die Menschen, auf die Welt. Darum heißt es in einem durch Rudolf Steiner aufgeschriebenen Kindergebet: "... Wenn ich Gott erblick' überall in Mutter, Vater, in allen lieben Menschen, in Tier und Blume, in Baum und Stein, gibt Furcht mir nichts, nur Liebe zu allem, was um mich ist."[33]

Wollen wir nun den Zusammenhang von Liebe und Wissen belegen, können wir in diesem Sinne auf die kleinen Kinder blicken: Sie lieben, weil sie wissen; sie wissen, weil sie lieben. Dieses Wissen ist ein solches, das erworben wird, wenn die Erkenntnisbemühung bei der Idee anzusetzen vermag und die Richtung des Forschens von dieser geistigen in die irdische Welt hineinführt. Wir können als Erwachsene auf der Suche nach dem Erleben der Wirklichkeit der Ideen nichts Besseres tun, als mit vollem Bewußtsein und so gerichteter seelisch-geistiger Übung den Lebensfragen gegenüber im höheren Sinne Kind zu sein. Es gehört zu den besonders tragischen Ereignissen einer menschlichen Biographie, wenn die Kräfte des Kindseins irgendwann verbraucht sind und die dem Menschen in dieser Phase seiner Biographie eigene Fähigkeit des Erlebens der Ideenwelt abhanden kommt.

Eine Erkenntnis, die gebildet wird, unabhängig von einer Erfahrung der stofflichen Realität, wird in der von Havel *Sammlung* genannten seelischen Stimmung erlebt und führt ins sogenannte Vorgeburtliche. Bevor eine Idee zum Ideal wird, ist sie eben auch wirklich, genauso wirklich wie der Wesenskern des Menschen selbst. Will man zu Erkenntnissen über die geistige Herkunft des Menschenwesens gelangen, kann man die Ideen, ihr Auftreten im menschlichen Bewußtsein, studieren. Kleine Kinder erkennen noch im Anblick der Dinge Wesen und Erscheinungen, ihr ideelles spirituell-wirkliches Leben. Sie erkennen es, weil sie gerade eben aus der Welt des Vorgeburtlichen herauskommen und dieser Welt und ihren Erkenntnisgesetzen noch näher stehen als dem irdisch-rationalen Denken.

Damit kommen wir zu der zentralen Anforderung, unser Menschenbild zu revidieren; nicht nur im Hinblick auf die Möglichkeit, von einer Neuerkenntnis des seelisch-geistigen Lebens ausgehend, den Menschen als schöpferisch zu begreifen, sondern auch im Hinblick auf des Menschen Herkunft. Dies ist ein Zentralanliegen der anthroposophischen Geisteswissenschaft, das sich folgendermaßen beschreiben läßt: "Die Geisteswissenschaft, die davon ausgeht, daß der Mensch nicht nur das ist, was man heute so denkt, sondern die sich klarmacht, daß in jedem Menschen ein Kosmisch-Geistig-Übersinnliches lebt, macht verständlich, daß mit jedem Menschen ein Rätsel zu lösen ist. Und indem man in jedem Menschen ein Rätsel zu lösen versucht, arbeitet man an der Aufgabe, daß der Mensch als kosmisch-übersinnliches Wesen genauso erkannt wird, wie ihn heute die Wissenschaft allein als ein irdisch-materielles Wesen erkennt."[34]

## Angst und Mut im Verhältnis zu Tod und Geburt

Indem wir den Mitmenschen als ein Rätsel im eben beschriebenen Sinne verstehen, finden wir zu neuen Grundmaximen gegenseitigen Verhaltens. In diesem Zusammenhang kann eine *neue Unsachlichkeit* an die Stelle einer Anschauung treten, die den Menschen immer mehr als Sache behandeln will. Diese stellt sich als die Konsequenz, eines einseitigen materialistischen Welt- und Menschenbildes dar. Es wurde deutlich, wie altgewordene Vorstellungen und Erwartungen gleichsam aufgebrochen werden müssen, damit der Durchblick von der Welt der materiell-stofflichen Erscheinungen in die Welt der Ideen, in die Welt des Geistes möglich wird. Das uns mit einem jeden Mitmenschen aufgegebene Rätsel zu lösen, ist eine Aufgabe, die den Blick auf die übersinnliche Individualität ermöglicht.

Dieses hatte Friedrich Nietzsche vor Augen, als er sein Bild vom Übermenschen zeichnete. Allerdings sah er die übersinnliche Individualität des Menschen nicht als Rätsel, sondern als Hintergrundwesen, das im Sinne der Weltentwicklung immer mehr auch vordergründig Wirksamkeit entfalten sollte. Das erscheint als das Berechtigte an diesem Teil der Philosophie Friedrich Nietzsches.

Die Weltverhältnisse sind dem Idealisten gegenüber oft nicht wohlwollend eingestellt. Es erhebt sich ein dauernder Widerstand, der den Impuls der Erneuerung aus der altgewordenen Welt ausgrenzen will. Dies gilt im menschlichen Leben als ein Symptom der Bequemlichkeit. Andererseits ist eine idealistische Tat immer mit der Liebekraft verbunden, insofern sie die Hingabe in nahezu absolutem Sinne erfordert. Ideen werden im Menschen zu Idealen, im Bilden der Ideale wird eine neue Wirklichkeit geschaffen, die es vordem in der Welt noch nicht gab. Dies ist ein Schöpfungsvorgang, der Ausdruck der Wesensnatur des Menschen ist, denn ihm allein ist es gegeben, an den Weltverhältnissen aus eigenem freien Entschluß wandelnden Anteil zu haben. Nun wäre es ein leichtes, die Scheu vor idealistischem Handeln mit der Furcht vor dem Widerstand zu erklären. Das trifft aber nur dann zu, wenn wir hier ein Stück weitergehen und zu verstehen versuchen, was es bedeutet, wirklich idealistisch, d.h. aus tiefstem Wesensgrund heraus, in der Welt zu handeln. Jeder Mensch wird sich durch so eine Tat mitverändern. Er kann allerdings nicht sagen, in welcher Weise. Dies ist nur im Rückblick möglich. So ist es nicht Bequemlichkeit allein, die von der Auseinandersetzung ablenken will, sondern auch eine echte Angst vor einer zunächst unabschätzbaren Veränderung. Sprechen wir von einer Aufgabe, die ergriffen werden kann, kann sich die Erkenntnis auftun, daß dies in der Tat ein Sich-Aufgeben erforderlich macht. Insofern ist das Wort *Aufgabe* kein abstrakter Begriff, sondern eines, das eine Tathandlung höchster Art beschreibt.

Die Angst, das Engwerden der Seele, ist für die Psychologie immer eine Form der Urangst vor dem Sterben. Sich selbst zu verlieren, hinzugeben an eine Welt, an einen Zustand, der vollständig unbekannt ist, eine neue Lebensform anzunehmen ohne die Möglichkeit der Rückveränderung, das ist ein Problem, an dem wahrhaftig ein Leben lang gearbeitet werden kann.

Wenden wir uns dem Aspekt, daß jede Angst eine Form der Urangst vor dem Sterben, vor der absoluten Hingabe ist, etwas genauer zu.

Jedem Menschen ist der Wunsch zueigen, die Weltverhältnisse verändern zu können. Weiter schwingt in einem jeden Entschluß zur Tat zugleich eine Erwartung mit, die zu derjenigen der als Folge eintretenden Veränderungen hinzutritt, und zwar die Erwartung nach Anerkennung. Es soll der Hingabe die Gegengabe folgen. Kaum eine Arbeit wird ohne eine solche Erwartung getan, sei es, daß sie sich in der Zahlung einer Vergütung oder in einem herzlichen anerkennenden Dank niederschlägt. Im Sinne eines auf Liebe gegründeten Handelns kommt es darauf an, diese Erwartung zu durchschauen und zu beherrschen. Wer wollte einem lieben Mitmenschen zum Geburtstag eine Freude machen, allein in der Erwartung des Gegengeschenkes zum eigenen Geburtstag? Fühlen wir uns in ein solches Verhalten ein, erleben wir sofort, wie unangemessen es ist. In weiterer Steigerung resultiert daraus der Egoismus, der aber kein anderer ist als der, der instinktiv den Wunsch nach einem Weiterleben nach dem Tode intendiert. Das Sterben ist die absolute Hingabe, die aber graduell abgeschwächt in jeder idealistischen Handlung vollzogen wird. Und so erscheint die Angst vor dem Sterben wieder in der Angst, in der Zurückhaltung dem Idealismus gegenüber.

Die materialistische Denkart sucht allein von der Stoffeswelt ausgehend ihre Erkenntnisse. Sie folgt damit den Gesetzen des Todes, indem ein Gedanke allein aus einem vorher gedachten gefolgert wird. Dem entspricht im physikalisch-chemischen Experiment die immer weiter gehende Division der Materie in Stoffe und Stoffgruppen. So gefundene Erkenntnisse können in der Tat nur subjektiv sein. Diese Denkart, zu der wir alle im allgemeinen neigen, begründet dann andererseits das eben skizzierte egoistische Verhalten im Sozialen. Die Frage nach dem, was nach dem Tod kommt, entspricht in gewisser Weise derjenigen nach der Reaktion des Mitmenschen auf unser Verhalten. Immer ist eine Hingabe zu vollziehen, die nicht mit einer Gegengabe rechnet, eintretende Wirkungen letztlich nicht abschätzen kann.

Wir wollen auch das Wort *Hingabe* genau besehen festhalten: Es handelt sich um den Fortgang aus einer Seinsform hin in eine andere, der sich so vollzieht, daß etwas Gewohntes verlassen wird. Der Materialist rettet sich, indem er aus für ihn wohl erwogenen Gründen die Hingabe oder die zu praktizierende Aufgabe nicht vollzieht, sondern die von der Einseitigkeit seines Denkens geprägte Bemühung an ihre Stelle setzt, die Weltverhältnisse ohne innere Beteiligung nach den eigenen Vorstellungen zu formen. Er glaubt, daß die eingeleiteten und dann auch eintretenden Veränderungen sein eigenes Menschsein nicht berühren, nicht verändern werden, und dieses ist eine Illusion. Es gehört zu den unzweifelhaften Ausgangspositionen eines spirituellen Weltverständnisses, daß man die Probleme und Fragen des Lebens nie vollständig beantworten kann, insoweit man damit meint, daß man sie mit rationalem Denken durchdringen, ordnen und lösen kann. Hier sei noch einmal Václav Havel zitiert: "Die Seinsordnung hat viele Gesichter, sie kann aus vielen Perspektiven betrachtet werden, auf vielen unterschiedlichen Ebenen erfahren werden, und es liegt nicht in den Möglichkeiten der 'Ordnung des Geistes', sie irgendwie im Ganzen zu erfassen – also eigentlich ihr Geheimnis zu enthüllen. Derartiges wäre de facto ein Akt des absoluten Ineinanderfließens, das Ende der 'Ordnung des Geistes' (wenn nicht gar der 'Seinsordnung'), der totale Tod. Alles, wozu der Mensch fähig ist – und was übrigens das Wesen und die Schönheit des Abenteuers des Geistes bildet –, besteht darin, besser oder schlechter diese oder jene Ebene der Wirklichkeit zu berühren, diese oder jene Art ihrer Anschauung und Erfahrung mit ihr anzuwenden und zu entwickeln ... Je sklavischer und dogmatischer jemand einem bestimmten fertigen ideologischen oder 'Weltanschauungs'-System verfällt, desto sicherer – soweit es um die Ebene der praktischen Anwendung geht – beginnt er der Ordnung des Todes zu dienen."[35]

Nichts anderes ist das Anliegen der Naturwissenschaft, die Welt bis in ihre Tiefen zu erforschen und zu erklären. Dies ist mit ihren Methoden allein nicht zu vollbringen. Die Gesetze des Stoffes gelten bis zu einer bestimmten Grenze. Wer diese nicht achtet, beginnt den Gesetzen des Todes zu dienen. Selbst dieser Aspekt wurde durch die wissenschaftliche Leistung Marie Curies verdeutlicht, indem die in solchem Bemühen entdeckten Stoffe in besonderer Weise Todeskräfte in die Welt des Lebens abstrahlen. Aber die Auffassungen, die sich vor dem Hintergrund so gerichteter Forschungen ergeben, begründen auch eine Einseitigkeit, wenn in gleicher Weise über das seelische Leben, d.h. über Herkunft und Bedeutung der Ideen und Ideale verhandelt wird.

Haben wir nun die Spiegelung der einen Seite des Lebens betrachtet und auf das Phänomen der Angst geblickt, wollen wir uns nun der anderen Seite zuwenden. Ist eine jede Angst eine Form der Urangst vor dem Sterben, so eine jede Form von Mut ein Abglanz des Urmutes, der mit der Geburt verbunden ist. Was gehört eigentlich dazu, daß ein Mensch als geistiges Wesen seine Geistesheimat verläßt, um in dieser irdischen Welt sein Leben zu leben; was gehört an Mut dazu, die zukünftigen von außerordentlichen

Gefahren gekennzeichneten Lebensverhältnisse anzuerkennen, die dem Menschen bei seinem Herabstieg aus der geistigen Welt in die physische hinein vor dem Moment der leiblichen Konzeption schon vollständig deutlich sind. Diesen Aspekt hat die Psychologie bislang noch nicht bearbeitet.

Schauen wir auf das Leben der Kinder, so sind die Freude am Leben, die Liebe zur Welt und zum Leben etwas tief Beeindruckendes. Dieses Urvertrauen, dieser Urmut ist kaum zu erschüttern. Im Erüben des Gehens, des Sprechens, der Handhabung von Gegenständen und Werkzeugen lebt ein mächtiger Wille, eine einzigartige Kraft der Bejahung. Darin geht ein Kind ganz auf. Ist so ein Verhalten unangemessen? Ist es naiv? Es treten ja bald Momente der Erschütterung ein, mehr und mehr verblaßt im Älterwerden dieser Glanz der Kindheit. Wenn auch nur ein letztes Lichtscheinen in die Zeit des Erwachsenseins hinübergerettet werden kann, ist es dem Erwachsenen möglich, in ganz anderer Weise im Umgang mit den Lebensfragen spirituelle Vertiefung zu praktizieren. Der Widerspruch des kindlichen Bewußtseins zu unserer Erwachsenenwelt ist zwar vorhanden, aber eben gerade darum besteht die Anforderung, bewußt die Grundkräfte der Kindheit zu beleben.

Wir sahen bereits, wie dies im Hinblick auf eine besondere Art der Wahrnehmung gilt. Am einzelnen das Ganze, am Menschen die Menschheit erleben, ist dem Kinde möglich, da es durch die materiellen Erscheinungen hindurchzublicken vermag. Es verfügt nun auch noch über ganz besondere Liebekräfte. Wo aber wurde das dieser Liebe zugrundeliegende Wissen erworben? Noch wenn der Erwachsene liebt, findet er anhand einer konkreten Erfahrung eine Übereinstimmung mit einst vorgebildeten Ideen. Es lebt in ihm als geistige Wirklichkeit, was immer er lieben wird, lange bevor die Gelegenheit zur Liebe eintritt.

So ist beim Kind die Idee vom Menschen durch das Leben vorgebildet in einer Zeit, die vor der Verkörperung in dem physischen Leib liegt. Voller Vertrauen geht das Kind auf uns Erwachsene zu, weil die Geistwesen, mit denen es vor der Geburt verkehrte, keinen Anlaß zu Mißtrauen gaben. So elementar verlangt es nach Nahrung, weil es in der Welt des Vorgeburtlichen von innen her Nahrung fand. Es kennt keine Gefahren, da der Schutz und die Sorge durch behütende Wesen im Vorgeburtlichen allgegenwärtig waren. Dies sind die allgemeinen Stimmungen, in denen Himmlisches in Irdisches hineinwirkt. Es sind darüber hinaus auch die besonderen Neigungen zu bestimmten Menschentypen, zu bestimmten Lebenszielen in der Welt des Vorgeburtlichen der Idee nach vorgebildet. Nicht nur die Pflanzen in ihren vielfältigen Formen sind Erscheinungen der einen Idee *Pflanze*, auch die Menschen entstammen einer gemeinsamen geistigen Welt.

So bedeutet, ein kindliches, unsachliches Verhältnis zur Welt zu haben, sich von der Gewißheit leiten zu lassen, daß alle Lebenstatsachen der Idee nach vorgebildet sind. Solche Ideen aufzusuchen und zu ergreifen, heißt, sich das kindliche Gemüt in verwandelter Form zu bewahren und vor allem zu den Grundlagen des eigenen Lebens, zur Individualität vorzudringen. Welterkenntnis, im Sinne der im Erkennen fortwirkenden Kräfte der Geburt, wird Selbsterkenntnis. Damit findet der Mensch zu einem tragenden Grund seines Lebens, indem er Kräfte in sein Bewußtsein hereinruft, die bislang nur in der vorgeburtlichen Welt wirkten. Damit überführt er die Idee vom eigenen Wesen in die Sphäre der Ideale, von wo aus sie anders wirken kann, als es je dem kleingeistigen, allein rein materiell orientierten Menschen möglich wäre. Selbsterkenntnis wird so zu einem Akt der Ich-Schöpfung: "Das Eigentümliche eines Ich-Wesens besteht darin, daß es nur auf dem Wege der Selbsterzeugung entstehen kann. Und diese Selbsterzeugung erfolgt in der Selbsterfassung. *Selbsterkenntnis* in diesem Sinne verstanden, ist also zugleich *Ich-Schöpfung*. In diesem Akte erzeugt das Erkennen aus sich ein Sein, mit dem es aber zugleich identisch bleibt. Was ist dies also für ein Sein? Es ist kein totes, ruhendes, sondern ein lebendiges, handelndes; ja es ist ein sich selbst schaffendes und sich selbst wissendes Sein."[36] Dieser Gedanke ist aus einem Buch zitiert, mit dem der Verfasser Hans Erhard Lauer auf der Grundlage der Anthroposophie den eben beschriebenen Vorgang aufzuzeigen bemüht war. Es ist ihm gelungen, in der Fortsetzung der Philosophie Schellings und Fichtes zu beschreiben, inwieweit der Mensch sich selbst eine neue Bestimmung gibt, indem sich ihm bewußt die im Vorgeburtlichen aufgenommenen Ideen erschließen.

## Der niedere und der höhere Mensch im Menschen

Aus dem Anblick unseres höheren Menschseins und der Anerkenntnis unserer beschränkten Möglichkeiten, diese hohe Idee des Menschseins zu verwirklichen, resultiert eine Spannung, die im Sinne Havels nie ganz aufzuheben ist. Wir leben in einer Zeit, in der ein spirituelles Menschenbild mit großem Krafteinsatz zu vertreten ist. Die Vorarbeit der Evolutionsforscher Mendel, Darwin und Haeckel auf naturwissenschaftlichem Felde hat sich so ausgewachsen, daß daraus ein materialistisches Menschenbild für das Allgemeinbewußtsein entstanden ist. Spirituell kann man nur denken, sich mit den tieferen Fragen unseres Lebens und unserer Herkunft nur befassen, wenn dieses Menschenbild überwunden wird, das die Individualität zugunsten einer rein materiell erklärbaren Sache verleugnet. Mit dem Heraufkommen der neueren Zeit, in der Wende des 18./19. Jahrhunderts, stellten sich die Fragen nach Materie, Geist und Mensch in der Tradition einer über zweitausendjährigen Philosophie von neuem. Die materialistische Denkart nahm genauso ihren Anfang wie die bei der lebendigen Idee ansetzende spirituell-goetheanistische. So finden wir etwa bei Friedrich Schiller in seinem Werk "Über die ästhetische Erziehung des Menschen" manche Ausführungen über die höhere und die niedere Natur des Menschen. Diese Briefe über die ästhetische Erziehung sind ja das Ergebnis einer lebenslangen Beschäftigung mit dem Fragenkomplex, der schon Gegenstand seiner Doktorarbeit war, die den Titel trug: "Über die tierische und vernünftige Natur des Menschen". Schiller beschreibt, wie der Mensch im Bewußtsein und in der Anwendung seiner Freiheit den Spannungspunkt zwischen dem niederen und dem höheren Teil seines Wesens zu überbrücken in der Lage ist, und spricht in dieser Hinsicht von der kreativen Fähigkeit des Menschen. Tatsächlich ist es ein eminent schöpferischer Vorgang, der von Johann Gottlieb Fichte in seiner idealistischen Philosophie als der Vorgang der Ich-Setzung beschrieben wird. Fichte ging in den Ausführungen seines philosophischen Systems der Wissenschaftslehre so weit zu sagen, daß nur das als wirklich anerkannt werden kann, was durch den Menschen als wirklich gesetzt wird.

In ganz anderer Weise beschreibt dies Joseph Ennemoser, der den Goetheanisten zuzurechnen ist, in seinem Buch "Ursprung und Wesen der Seele", in dem er über die Erfahrung der stofflichen Realitäten im Verhältnis zum seelisch-geistigen Wesen des Menschen folgendes zum Ausdruck bringt: "Der Reiz bleibt für die Seele immer etwas Äußeres, er befördert nur die Entwicklung der in ihr liegenden Anlagen. Die Reize sind nicht die Seele, und die Empfindungen der Reize sind es auch nicht, nicht einmal die Gedanken; sie sind nur die Veranlassungen der Gedanken, und diese sind Operationen oder Produkte der Seele. Es muß also eine Seele schon da sein, welche die ankommenden Reize empfindet.

Inwendig ist der Geist, der seinen Leib, wie der Allgeist die Natur, belebt, und alles Leben und Wirken stammt von dem inwendigen Geiste."[37]

Es wird durch die Wahrnehmungen der äußeren Welt der im Menschen verkörperte Geist angesprochen, erweckt. Dies ist vom Beginn des irdischen Lebens mit der leiblichen Konzeption, also von der ersten Zellteilung an so, bis zum Augenblick, da der Geist sich aus einem verstorbenen Leib vollständig befreit hat. Die Diskussionen, zum Beispiel über den Unterschied von Herz- und Hirntod sowie über die Fragen von Gestalt und Funktion von frühen Formen des menschlichen Körperlebens, zeigen auf, wie ratlos wir letztlich vor dem Problem einer Erkenntnis eines in der Welt wirkenden Geistes stehen. Dabei ließe sich dieses Problem anfänglich schon dadurch lösen, daß wir das Sein der Idee als die Wirklichkeit erkennen, die der materiellen ebenbürtig und mit ihr zusammen die Grundlage des Lebens überhaupt ist. "Die Natur erscheint uns als ein unendliches Triebwerk, welches als Einheit ein in sich geschlossenes Ganzes darstellt, als Mannigfaltigkeit aber eine unendliche Zahl von Teilen und Gliedern enthält, die alle zusammen wie Mittel und Zweck zueinander sich verhalten und vermöge des ihnen innewohnenden Lebens sowohl zu ihrer eigenen Erhaltung als zum Bestehen des Ganzen tätig sind."[38] In all dieser Lebensvielfalt lebt des weiteren der Mensch als Individualität, sein irdisches und geistiges Sein umgreifend, indem er Ideale schafft und nach ihnen handelt. In den Idealen wird der Mensch gleichsam erst vollständig.

Am Weltenanfang fand eine "Kernspaltung" statt; nicht, wie die Wissenschaft zum Teil meint, im äußeren materiellen Bereich, sondern im innerlich-geistigen. Das *Unteilbare* heißt auf griechisch *atomos*, auf lateinisch *individuum*. Das eigentlich Unteilbare, das Menschen-Ich, wurde geteilt, als das Leben der Welt seinen Anfang nahm. Es fand eine Trennung statt zwischen dem, was der niedere und der höhere Mensch im Menschen ist. Dieses Ereignis wird uns in den biblischen Urkunden als das Ereignis vom Sündenfall beschrieben, gemeint ist aber das Eintreten des Menschen in die Gelegenheit und Herausforderung seiner zur irdischen Verkörperung gehörenden Freiheit. Wir sind heute mit der Aufgabe konfrontiert, diese Ur-Teile im Sinne einer weltverwandelnden Synthese aufs neue wieder zusammenzufügen. Dieses ist der tiefste Sinn des menschlichen Handelns und zugleich der Sinn des irdischen Lebens. Es ist aber zugleich auch der Quell für die beschriebene Ursehnsucht des Menschen, an den Weltverhältnissen aus den eigenen Vorstellungen heraus wandelnden Anteil zu haben.

# VOM RINGEN DES MENSCHEN IN DER WELT

## Ursachen der Gewalt

### Liebekräfte in Haß und Phantasie

Mit dem Problem der Gewalt steht ein außerordentlich vielschichtiges und kompliziertes Thema vor uns. In diesem dritten Hauptteil des Buches braucht wohl kaum aufgezählt zu werden, mit welchen Formen von Gewalt täglich Menschen in aller Welt konfrontiert werden. Wir alle wissen, was gemeint ist. Wir alle lesen täglich tief betroffen in der Zeitung, welch ein Leid Menschen anderen Menschen zufügen, und doch dürfen wir vermuten, daß hier Kräfte nachweisbar sind, die nicht unbedingt zu den negativen Formen von Gewalt – und die meinen wir meistens – führen müssen. Für das, was da irgendwo in den Tiefen der menschlichen Seele als Kraft vorhanden ist, ist es zunächst unwichtig, ob sich der Mensch in Haß oder Phantasie, d.h. Zerstörung oder Kreativität, an die Welt und seine Mitmenschen wendet.

Somit erleiden wir nicht nur die unterschiedlichen Erscheinungsformen von Gewalt, sondern erleben auch die Schwierigkeiten im Erkenntnisbemühen ihren Ursachen gegenüber.

Vor kurzem wollte meine zweitälteste, neunjährige Tochter einfach nicht abtrocknen. Das kommt natürlich vor und ist gar nichts besonderes. Aber sie stellte sich einfach mitten ins Wohnzimmer und sagte, sie habe eben keine Lust. Das ist eine der ersten kindlichen Regungen einer Menschenindividualität, die nun beginnt, im eigenen Namen, also als *Autonomer* zu handeln. Wenn man das, was da in der Kinderseele so selbstbewußt und wunderbar auftritt, nicht mit der gebotenen Sorgfalt entgegennimmt, ist eine erste Orientierung in bezug auf den Eigenwillen des Menschen in späteren Jahren gegeben. Was dann in unterschiedlichen Gruppen zum organisierten Widerstand führt, ist genau diese sich schon im Kinde regende Kraft. Die Richtung des Widerstands, ob kreativ oder destruktiv, ob in Gruppen, die sich "Hau weg den Scheiß" oder "Schwerter zu Pflugscharen" nennen, wird in der erzieherischen Begleitung einer Kindheits- und Jugendentwicklung veranlagt. Von diesen Quellgründen der an sich lauteren Widerstandskraft des Menschen soll im folgenden die Rede sein.

58

Wir dürfen jedenfalls im Sinne dieser Einleitung bereits festhalten, daß jeder Mensch im Prinzip über gewaltige Kräfte verfügt, darum aber eben noch lange nicht gewalttätig zu sein braucht. Um sich mit dem Hintergrund dieser Kräfte zu befassen, bedarf es der Bemühung um wirklich vorurteilslose Erkenntnis. Auf den Feldern einer jeden Wissenschaft, die sich mit dem Menschen und seinem Verhalten befaßt, ist das nur durch aktive spirituelle Vertiefung möglich.

Im Buch Genesis findet sich im sogenannten zweiten Schöpfungsbericht die Beschreibung der Erde, die soweit erschaffen ist, daß nur noch die Pflanzen und Tiere fehlen. Sie fehlen, weil noch kein Wesen erschaffen wurde, das den Acker bestellen, die Erde bearbeiten kann. Und nun läßt der Schöpfergott einen Nebel auf dieser Erde aufsteigen, der alles Land befeuchtet. Diese so zubereitete Erde dient als Material zur Formung des Menschenleibes, der den Anhauch mit dem Atem Gottes erfährt und damit das Leben empfängt. Der Mensch, durchdrungen mit den Geisteswirkungen der Erdentiefen und der Himmelshöhen, tritt als lebendiges Wesen in Erscheinung.

Wir tragen dieses Bild alle seit Kindheitstagen in uns, ohne zu erfassen, welcher Art die Erde ist, aus der der Menschenleib geformt wurde. Es ist dies eine Erde, die alle Erscheinungsformen vielfältigen Lebens noch in sich trägt und eben nicht einfach "Lehm" ist. Wollte man an dieser Ungenauigkeit festhalten, hätte man den ersten Grund für ein späteres einseitig-materialistisches Weltbild gegeben. Im Sinne einer spirituell vertieften Bibelerkenntnis darf, nein, muß man fragen, was das Bild vom Erdennebel und Gottesatem, das uns an dieser Stelle der Genesis überliefert wird, eigentlich sagen will.

## Über die Herkunft des Menschen

Eine spirituelle Vertiefung im Hinblicken auf den Menschen ist das Grundanliegen der Anthroposophie Rudolf Steiners. Nun stellt sich natürlich die Frage, was in diesem Sinne ein *Anthroposoph* ist. Rudolf Steiner ist beim Definieren dieses Begriffes in bezug auf die anthroposophische Pädagogik von prägnanter Kürze. Für ihn ergeben sich die Grundregeln der Pädagogik nicht aus Programmen, sondern aus der Wahrnehmung des Kindes.[39)] Und diese Methode ist anthroposophische Geisteswissenschaft, die jeder studieren, erlernen und handhaben kann. Der eben erwähnte Ausgangspunkt der Pädagogik ist unglaublich revolutionär. Der Waldorfpädagoge will, und zwar ganz im positiven, nicht im allgemein üblichen Sinne, die Kinder zu *Autonomen* erziehen. Also zu Menschen, die in der Lage sind, *in eigenem Namen* zu handeln. Leider ist dieser Begriff heute dort in aller Munde, wo man tief verzweifelte, wahrhaft unfreie Menschen meint.

Wenn einem Menschen etwas abzulesen ist, was grundsätzlich Hilfreiches für den Umgang mit ihm abgibt, findet sich unser Welt- und Menschenbild schon insofern erweitert, als daß es in die Anschauung mit einbezieht, was zunächst nicht sinnlich sichtbar ist. Und je nachdem, in welcher Weise das spirituell Wesenhafte im Menschen sich mit der Welt verbindet oder auseinandersetzt, ergibt sich Gewalt in der einen oder anderen vorhin charakterisierten Richtung. Dies läßt sich auch noch etwas schärfer formulieren: Die Kraft, die sich im Zerstörungswillen eines Menschen offenbart, hätte auch die Grundlage für seinen Liebewillen sein können. Im Ursprung ist das ganz unausgemacht und ergibt sich ganz vor dem Hintergrund des Ringens des Menschen in der Welt.

Der Mensch, d.h. seine geistig-seelische Wesenheit, kommt aus einer geistigen Welt zur irdischen herunter. Einst kehrte der Mensch im Todesaugenblick eines vergangenen Erdenlebens in die geistige Welt zurück. Sein Weg führt ihn also durch Zeiten des Lebens in der irdischen und in der geistigen Welt. Man spricht diesbezüglich von der Reinkarnation des Menschen, die der christlichen Religion keinesfalls widerspricht.

Auf diesem *Lebensweg* wechselt nicht nur immer wieder der Schauplatz des Lebens, sondern auch die Art des Bewußtseins. Was im Wahrnehmen der irdischen Verhältnisse als Erkenntnis an Grenzen stößt, ist in der geistigen Welt zum Grenzenlosen erweitert. Hier, in der irdischen Welt, fühlen und erleben wir die Dinge und Wesenheiten als außerhalb von uns, in der geistigen Welt sind wir so mit unserer Umwelt verbunden, daß wir in uns die Welt und außer uns unsere eigene Natur erleben. Somit ergibt sich beim Eintritt des Menschen in ein Erdenleben eine große Veränderung seines Bewußtseins. Von solchen Veränderungen können im wesentlichen drei benannt werden.

Wollen wir hier im Erdenleben etwas von den Folgen unserer Taten erfahren, müssen wir Vorgänge verstehend durchdringen, die sich außerhalb unserer selbst ereignen. Damit gelangen wir meistens mit unserer Erkenntnis an Grenzen. In der geistigen Welt ereignet sich das auf unsere Taten folgende Leben in uns selbst und tritt damit unmittelbar in unsere Erkenntnis ein.

Um die zweite Veränderung zu beschreiben, will ich den Arzt Wladimir Lindenberg zitieren: "Als Kinder hatten wir Freude daran, in das ruhende

Wasser eines Teiches Steinchen zu werfen, und beobachteten, wie vom fallenden Stein zuerst ein Wasserring sich bildete und dann konzentrisch ein Ring auf den anderen folgte ... Nachsinnend vergleichen wir dieses Bild mit der Wirkung einer Person ... Warf man nun mehrere Steinchen gleichzeitig oder nacheinander ins Wasser, so überschnitten sich die sich ausweitenden Kreise und gelangten in den Wirkungsbereich des anderen ... So ist die gegenseitige Wirkung der Menschen untereinander. Scheinbar leben sie nebeneinander hin, in Wirklichkeit reicht ihre Atmosphäre ... weit in das persönliche Gebiet der anderen hinein.''[40]

Im Verwobensein der verschiedenen Lebenskreise der Menschen miteinander entsteht Schicksal oder – wie man es auch nennt – Karma. In diesen karmischen Geweben wirken nicht nur Menschen, sondern auch geistige Wesenheiten, die ihrer Entwicklung nach über dem Menschen stehen. Sie greifen helfend, lenkend, inspirierend in das Menschenleben ein. In der Liturgie der Christengemeinschaft wird mit dem Wortlaut des Trauungsrituals auf die spirituellen Gesetzmäßigkeiten des sozialen Lebens gedeutet. Beim Ringwechsel ist von *dem* Ring die Rede, der das Leben des künftigen Ehepaares umschließt. Dann wird von *dem einen* Menschen gesprochen, der durch den Eheschluß von Mann und Frau entsteht, und daß der Gottesgeist auf diese Bindung schaut. Schließlich erfährt zum Wohle der ganzen Menschheit die geschlossene Ehe ihren Segen. Ringschluß, das Angeschautwerden durch den Gottesgeist, der in und durch die Ehe wirksame Segen – es wird auf das Wirken geistiger Wesen im sozialen Leben hingewiesen. Und auch diese Tatsachen erschließen sich dem menschlichen Bewußtsein in der geistigen Welt unmittelbar, d.h. sind Teil der Weltereignisse, die im Innern anschaubar sind.

Es ist dies eine sehr schwierige Vorstellung: In der geistigen Welt ist, im Gegensatz zur irdischen, das Innere die Umwelt und das, was wir als Außenwelt im weitesten Sinne erleben, Innenwelt.

So kommen wir zur dritten Veränderung, denn die Folgen alles Seelenlebens, zum Beispiel der Gedanken, sind in der geistigen Welt sofort anschaubare Realitäten. Denn sie ereignen sich dort, wie zum Beispiel Wettererscheinungen um uns in der Atmosphäre.

Um das noch einmal zusammenzufassen, kann man es negativ formulieren, was sich beim Eintritt ins Erdenleben im menschlichen Bewußtsein ereignet: Es geht das unmittelbare Wahrnehmen der Folgen unserer Taten verloren, das Bewußtsein von den Wirksamkeiten geistiger Wesen in der physischen Welt und die Anschauung von Seelenkräften, zum Beispiel der

Gedanken, als Realitäten. Damit wird der Mensch zum Individuum im irdischen Sinne. Im Vergleich der Lebens- und Erlebensformen in den beiden Welten könnten wir sagen: zum Eremiten.

Die eben beschriebenen Bewußtseinsveränderungen ereignen sich an der Schwelle zwischen der physisch-sinnlichen und der geistigen Welt. Es ereignet sich ferner beim Eintritt ins Erdenleben ein Vergessen der Ursprünge, der Anschauung der karmischen Grundsignatur im menschlichen Leben. Was aber bleibt, ist eine in den Tiefen des menschlichen Bewußtseins verankerte Gewißheit und eine Sehnsucht, an das anzuknüpfen, was man einmal geschaut, als Wirklichkeit erlebt hat.

## Weltveränderung durch den Menschen

Schon im Hinblicken auf die Geburt des Menschen können wir von einem Schmerzerlebnis sprechen. Das Eintreten in das Schwereerleben, in die Lichtwahrnehmung und das differenzierte Wahrnehmen von Wärme und Kälte zum Beispiel sind drei schmerzhafte Schockerlebnisse. Betrachten wir den Fortgang des Lebens, so können wir sagen, daß diese Schockerlebnisse auf anderen Ebenen ihre Fortsetzung finden. Immer lebt da die dumpfe Erinnerung an die geistige Welt, immer die Sehnsucht in der physisch-irdischen Welt die Erfüllung für das zu finden, was im Ursprung, d.h. vor dem Eintreten ins Erdenleben, vom Menschen erlebt wurde. Die Welt ist ein Widerspruch, ein Widerstand, den der Mensch erleidet. Die häufigen Momente seelischer Ohnmacht im Erleben bzw. Erleiden gravierender Schicksalsereignisse können zum Gewahrwerden vorgeburtlicher Impulse führen. Was an Idealen in uns lebt, was als zentraler Lebens- und Schicksalswille empfunden wird, hat mit *vorgeburtlichen Vorbildern* zu tun, in denen die Grundsignatur eines Erdenlebens einst anschaubar war.

Was einst in der geistigen Welt geschaut und mit dem Menschen verbunden wurde, hat aber auch den Charakter von Urbildern. Diese werden in ihrer Bedeutung von jedem erlebt, und aus dem Drang, sie erneut ins Bewußtsein zu nehmen, resultiert der Drang nach Erkenntnis und Religion. Kaum einer hat sich in seinem Leben nicht irgendwann einmal die Frage nach den sogenannten *letzten Dingen* gestellt. Von da aus findet man freilich zu einer individuellen Orientierung.

Im Bilde gesprochen erlebt sich der Mensch als für die geistige Welt seines Ursprungs als Blindgeborener, was aber den Drang und die reale Möglichkeit einschließt, wiederum in der Geistwelt Sehender zu werden.

Manch eine besondere Biographie gibt davon Zeugnis. Der Philosoph Johann Gottlieb Fichte zum Beispiel verstand seine Erkenntnisbemühungen so zu lenken, daß sie in eine Erkenntnis der geistigen Welt mündeten.[41] Überhaupt erlebte er den Ansatz zu seiner *Wissenschaftslehre* dort, wo er den Widerspruch zwischen der in ihm erlebten übersinnlichen und der um ihn bestehenden sinnlichen Welt schmerzhaft erlitt.[42]

Die Übereinstimmung zwischen diesen Welten zu suchen und zur Grundlage des eigenen Handelns zu machen, ist zum einen Sache des individuellen freien Menschen, insofern er über die Richtung seiner Erkenntnisbemühungen entscheidet. Zum anderen ist sie abhängig von der Struktur und der Lebensdynamik unserer Umwelt. In jedem Fall gibt es ein Ringen um Übereinstimmung zwischen den innerlich erlebten Idealen und der äußeren Welt. Die Psychologie hat sich mit ihrem ersten Auftreten um das 14. Lebensjahr herum intensiv befaßt[43] und dabei herausgearbeitet, wie bedeutend das richtige Durchleben dieser Phase für das spätere Leben ist. Was einmal ganz klar im Übergang von der Kindheit zur Jugend auftritt, kann als mächtiges entscheidendes Wegerlebnis die Richtung der ganzen Biographie bestimmen.[44]

Wohlgemerkt, als latente Fragen kommt es im Bewußtsein der jungen Menschen herauf[45], was einst in der geistigen Welt erlebt wurde: Wie findet die Menschheit zu einem moralisch fundierten Bewußtsein ihrer Taten? Liegt dem Handeln der Mitmenschen die Führung, die Inspiration, durch ein dem Weltenfortgang dienendes geistiges Wesen zugrunde? Wie lauter sind die dem Handeln zugrundeliegenden Motive?

Fast jeder Erwachsene hat es wahrscheinlich erlebt, zu welchem Ergebnis man als junger Mensch kommt und was als Antwort auf diese Fragen vorgefunden wird: Ein sehr schwer zu durchdringendes Chaos in den Welt- und Lebenserscheinungen und damit genau das Gegenteil von dem, was als mit Sehnsucht zur Erde verwobene Erwartung, als Lebenswille schlechthin in den Tiefen der Seele erlebt wird. Bilden wir uns einmal die Vorstellung von dem, was wir *Menschheit* zu nennen gewohnt sind. Dieses vielgestaltige Leben und Leiden, dieses sich fortwährende Miteinanderverweben von Schicksalen, das Sich-Ergänzen und -Widersprechen – es ist alles zusammengenommen *eine* Geschichte, die Menschheitsgeschichte, geschrieben mit so vielen Worten wie Menschen leben – jeder Mensch: ein Wort im Buche des Lebens.

Die Dichterin Nelly Sachs schreibt vom "Einbruch der Propheten" und berührt dieses Mysterium, in dem sie die bange Frage stellt, ob das Ohr der

Menschheit deren Sprache erhört.[46] Es ist eine spirituelle Wahrheit: Jeder Mensch ist in diesem Sinne ein Wortwesen, das mit der Frage durch das Tor der Geburt in die Sinnenwelt eintritt, ob es erhört wird.

Überwältigend ist, mit welch kraftvoll positiver Gesinnung junge Menschen Verantwortungsbereitschaft ausbilden. Im höchsten Erleben der Freiheit wollen sie dem Fortgang der Welt dienen, sich freiwillig mit etwas Idealem, Höherem verbinden. Das geht soweit, daß dann jeder für sich berechtigt empfindet: In mir lebt das Ideal von dieser Welt. Kann ich es mit der Erdenwelt verbinden? Der aus diesem Ideal resultierende *reine Opferwille* ist die Grundkraft aller Jugendbewegungen. Und wie schrecklich nehmen sich die Karikaturen aus, die zustande kommen, wenn nicht in der rechten Weise ergriffen wird, was der Menschheit mit jedem einzelnen Menschen an Erneuerungskraft zukommt.

Im Verständnis eines spirituellen Menschenbildes muß uns jeder Mensch als ein *Gesandter* aus einer geistigen in die irdische Menschenwelt hinein gelten können. Um wieviel würde- und friedevoller könnte sich das Leben der Menschen untereinander gestalten, wenn aus diesem Motiv heraus soziales Leben seine Gestaltung erführe. Es *wandelt* sich der soziale Organismus durch jedes seiner Glieder. Daraus resultiert selbstverständlich auch der latente Anspruch, den eigenen Erlebensgrundlagen entsprechend in die Menschheit integriert zu werden. – Und dann, wenn das nur im Ansatz gelingt, tritt ein, daß eine Individualität in der Gemeinschaft, *daß ein Ich im Wir aufgehen kann* und beide, die Gemeinschaft und der einzelne, den Fortgang ihrer Entwicklung in gegenseitiger Erkraftung erleben.

## Auftretende Gefahren

Damit haben wir einen Entwicklungslauf charakterisiert, wie er sich kaum ereignet. Die Lebensverhältnisse sind ein gewaltiger Widerspruch zu dem, was die latenten Bedürfnisse des Menschen sind.

Zunächst einmal steht der zur geistigen Welt gerichteten Sehnsucht entgegen, was die schon in der Allgemeinbildung verankerten Vorurteile der materialistischen Wissenschaft sind. Wer zum Beispiel glaube – so Rudolf Steiner –, daß das Herz eine Pumpe sei, könne überhaupt nicht verstehen, was ein sozialer Organismus ist.[47] Der einseitig von Charles Darwin und Ernst Haeckel ausgebildete Entwicklungs- und Lebensbegriff treibt jeden Menschen in die gleiche seelische Situation, die für ihre Urheber eintrat: nämlich in den Verlust der moralischen Integrität.[48] Nun könnte man in diese Richtung fortfahren und würde nur immer weiter finden, wie sehr sich, aus dem Gedankenfundus dieser Wissenschaft resultierend, Mauern vor dem Ausbilden geistiger Wahrnehmungsorgane aufbauen. Und indem dem Menschen die Entwicklung dieser Wahrnehmungsfähigkeit verwehrt wird, wird ihm zugleich die Erkenntnis seiner wahren Wesenheit verwehrt und damit die Möglichkeit entzogen, auf den Fortgang der Welt wandelnd Einfluß zu nehmen. Er findet das Ohr der Menschheit als mit Nesseln verwachsen vor und sucht vergeblich nach einem Punkt, an dem er mit dem eigentlichen Lebens- und Liebewillen anknüpfen kann. Ist es die Bereitschaft zu aufopferungsvoller Mitarbeit an der Menschheitsgeschichte, um die es geht, so muß man sagen, daß dieses Opfer meistens nicht erbracht oder aber nicht angenommen wird.

## Das Entstehungsmoment der Gewalt

Wenn sich nun auch – wie wir sahen – Bereitschaft und Gelegenheit zur Mitarbeit an der Menschheitsgeschichte für ein einzelnes Menschenindividuum nicht ergeben, gehen doch damit die der Menschenseele eigenen Kräfte nicht verloren. Es enthüllt sich zumeist in schrecklichen Erscheinungsformen, was Gudrun Ensslin einmal so beschrieb: "Liebe, das ist das Nebeneinander von Haß und Phantasie."[49] Indem der Opferwille sich nicht realisieren kann, kommt es zum Ausbruch der Gewalt. Michail Bakunin baute im vergangenen Jahrhundert seine Philosophie auf die These, daß zukünftiges Leben wird, wenn man bestehendes zerstört.[50] In einem entleerten Raum – so glaubte er – zieht ein, was das dekadent gewordene Alte erneuern, ersetzen kann. Dieses Empfinden hatte als Künstler schon Jahrzehnte vorher Friedrich Hölderlin, der in grenzenlosem Vertrauen den Einbruch des Neuen nach "den künftigen Revolutionen" erwartete.[51]

Dem kreativen Prozeß ist es zutiefst eigen, das Zugrundegehen des Alten und den Aufgang des Neuen zu erleiden. Der Künstler braucht in seinem Schaffen das Ringen mit dem Widerspruch der Welt. So erscheint die Freude, mit der der Erste Weltkrieg von Künstlern erwartet wurde, auch nur konsequent, denn im kreativen Prozeß wird erlebt, was dem Menschen begegnet, der vor dem Hintergrund seiner im tiefsten Innern erlebten Ideale die Welt verändern, verwandeln will. Es ist ein Ringen mit der Welt, das die Gefahr in sich birgt, im Erleiden der bürgerlich-konventionellen Lethargie in ein Gefallen, in eine Lust an der Gewalt zu münden. Wenn schon das Alte nicht zu verändern ist, so ist es wenigstens zu zerstören.

Mit den folgenden Zitaten kann für uns im Rückblick deutlich werden, wie der Blick der Künstler auf die grauenhafte Realität des Krieges durch das Leiden an den Weltverhältnissen verschleiert war. Liebekräfte werden mit den Offenbarungen des Hasses, des radikal Bösen verbunden. Von menschheitlicher Bedeutung, so müssen wir heute sagen, ist dieses zunächst mit einzelnen Individualitäten verbundene Erleben. Immer mehr Menschen leben das von Bakunin formulierte Prinzip vom Aufgang des Neuen in der zerstörten alten Welt. Dies, an sich ein Phänomen höchster Ordnung, tritt als primärer Gewaltindikator auf. Alles Alte muß im Vorgang der Wandlung aufgelöst, *entordnet* werden, damit im kreativen Prozeß eine neue Ordnung in Erscheinung treten kann. Dies allerdings ist ein Vorgang der Durchdringung der Willensimpulse mit Kräften der Liebe und damit die Voraussetzung für das Leben einer unbeschadeten Individualität. Treten Hemmnisse und Verirrungen in die Schicksalssignatur eines Menschen ein, wird der Wandlungswille desorientiert. Das an sich dem Weltenfortgang dienende Prinzip der Wandlung wird zu einem der Zerstörung ohne Neubeginn, das in dämonischer Zwanghaftigkeit, dem Bewußtsein des Menschen entzogen, die Seelen besetzt.

Ernst Barlach schreibt am 3. August 1914 in sein Tagebuch: "Ich schrieb heute an Fräulein Tina, daß mir die Kriegsstimmung wie eine Erlösung kommt. Die Menschen müssen an etwas Allgemeines, Großes denken und ihren persönlichen Kram hintan setzen ... Es ist aufreibend und durchfiebernd wie eine große Verliebtheit."[52]

Einige Tage später in einem Brief: "Das Erleben dieser ganzen Zeit seit dem 1. August kann ich nur mit einem großen Liebesabenteuer vergleichen, so erschüttert und entselbstet es mich. Es ist ein großes Glücksgefühl, außer sich zu sein, erlöst von sich."[53]

Das Grauen des Krieges erlöst die an der stumpfen Welt leidende Seele. Überaus innige Seelenerlebnisse werden am Haß statt an der Phantasie gemacht. Wenn schon nicht lieben, dann wenigstens leiden. Thomas Mann schreibt: "Wie hätte der Künstler, der Soldat im Künstler, nicht Gott loben sollen für den Zusammenbruch der Friedenswelt, die er so satt, so überaus satt hatte. Krieg! Es war Reinigung, Befreiung, was wir empfanden, und eine ungeheure Hoffnung."[54] Der mit der Welt ringende Künstler verabscheut die bürgerliche Welt, die dem Aufbruch der Idealnatur entgegensteht. Georg Heym, einer der ersten bedeutenden expressionistischen Lyriker, von dem man sagen kann, daß ein junger Mensch an seiner Umwelt litt, schreibt 1910 in sein Tagebuch: "Es ist immer das gleiche, so langweilig, langweilig,

langweilig. Es geschieht nichts, nichts, nichts .... Geschähe doch einmal etwas, würden einmal wieder Barrikaden gebaut, ich wäre der erste, der sich darauf stellte, ich wollte noch mit der Kugel im Herzen den Rausch der Begeisterung spüren. Oder sei es auch nur, daß man einen Krieg begänne, er kann ungerecht sein."[55] Hören wir da nicht die Sprache der heutigen sogenannten Autonomen? Die Sprache derer, die an der Stumpfheit der Welt zerbrachen und nun "unheimlich starke Empfindungen" haben, wenn die Fensterscheiben von Banken zersplittern, Strommasten kippen, Polizeifahrzeuge in Flammen aufgehen?

Otto Dix findet auf seine Weise Zugang zur Erkenntnis des Menschen, als er 1915 in den Krieg zieht: "Ich muß raus, Angst gibt's da nicht ... Ich mußte das alles selber sehen ... Der Krieg war eine scheußliche Sache, aber trotzdem etwas Gewaltiges ... Man muß den Menschen in diesem entfesselten Zustand gesehen haben, um etwas über den Menschen zu wissen."[56]

Max Beckmann erlebt die Kämpfe an der Front als tief beglückend. Er schreibt am 24. September 1914 an seine Frau: "Ich habe in der kurzen Zeit so viel erlebt, wie seit Jahren nicht."[57] Und dann: "Das wunderbar großartige Geräusch der Schlacht ..., diese eigenartig schaurig, großartige Musik, wie wenn die Tore zur Ewigkeit aufgerissen werden, ist es, wenn so eine große Salve herüberklingt, alles suggeriert einem den Raum, die Ferne, die Unendlichkeit ... Ah, diese Weite und unheimlich schöne Tiefe."[58]

Als Sanitäter: "Fabelhafte Sachen sah ich, in dem halbdunklen Unterstand halbentkleidete, blutüberströmte Männer, denen die weißen Verbände angelegt wurden, groß und schmerzlich im Ausdruck."[59]

Lange mögen diese Künstler vergeblich nach Nahrung für ihr Schaffen gesucht haben. Lange mögen sie ihre Zeit und die ungenügenden Lebensverhältnisse erlitten haben, bis sie mit Enthusiasmus den Krieg annahmen. Somit sprechen uns diese Zitate von der unheilvollen Begeisterung, die den resignierten, zurückgewiesenen Menschen ergreifen kann, wenn Liebekräfte zum Haß, statt zur Phantasie erwachen. Es ist ein Problem nicht nur der Künstler im Anfang unseres Jahrhunderts, sondern eines des modernen Menschen überhaupt, was man so ausdrücken kann, daß sich zurückgewiesener Geist in vergossenes Blut verwandelt.

Haben wir heute auch deutlich vor Augen, zu welchen Konsequenzen das einseitig materialistische Weltbild führen kann, so ist es uns doch aufgegeben, an den Gegenbildern zur Erkenntnis des wahren Menschen oder des wahrhaft Menschlichen zu erwachen. Auch wenn die Problematik eine äußerst drängende ist, so beinhaltet sie doch die Möglichkeit, zu einem neuen spirituellen Bewußtsein zu erwachen, das die Grundlage für Lebensformen abgibt, die dem geistigen Ursprung des Menschen angemessen sind. Dazu bedarf es eines Mutes, den eigentlichen Kampf zu wagen, in das eigentliche Ringen einzutreten: das Ringen des Menschen mit sich selbst.

# Formen der Gewalt

## Formen der Gewalt im Terrorismus

Im Hinblicken auf die Ursachen der Gewalt haben wir uns mit der Herkunft des Menschen, d.h. seiner geistigen Heimat und dem Leben in der physischen Welt befaßt. Wir haben gefunden, welch ein Widerspruch vom Menschen mehr oder weniger bewußt zwischen den beiden Lebens- und Erlebensformen erlitten wird. Die dem Lebens- und Liebewillen zugrundeliegenden karmischen Kräfte können in Haß oder Phantasie, d.h. Zerstörung oder im weitesten Sinne Kreativität, zum Ausdruck kommen, je nachdem in welcher Weise die Auseinandersetzung des Menschen mit dem Leben stattfinden und ertragen werden kann.

Wir wollen nun versuchen, vor dem Hintergrund des bisher Erarbeiteten zu sehen, zu welchen Formen von Gewalt dieses Erleiden der Welt als Widerstand führen kann und welcher Zusammenhang möglicherweise zwischen dem "Krieg aller gegen alle" und dem Ringen des Menschen mit sich selbst besteht.

Hierbei spielt das Phänomen des Terrorismus eine besondere Rolle, denn dort erscheint zum einen die zur Zerstörungswut eskalierte Form eines von Idealismus getragenen Anarchismus, zum anderen die Form der Unterdrükkung in totalitären Staaten. Beiden Formen des Terrorismus ist gemeinsam, daß der aus der Erkenntnis der Wahrheit resultierende und latent im Menschen wirksame Idealismus verzerrt und haßerfüllt wird. Nur so konnte der Kommandeur eines Antiterror-Sonderkommandos der Polizei, der durch die Kugeln von Terroristen selbst verletzt wurde, sich engagiert für die vorzeitige Freilassung der durch ihn im November 1977 in Amsterdam verhafteten RAF-Terroristen Christoph Wackernagel und Gert Schneider aus dem Gefängnis einsetzen. In einem Brief an die deutschen Behörden, in dem er die Freilassung befürwortete, gab er der durch einige Kontakte mit den beiden Terroristen gebildeten Erkenntnis Ausdruck, daß sie aus idealistischen Motiven gehandelt hätten.

68

Noch während der Haftzeit sagten sich Wackernagel und Schneider von den Zielen der RAF los, aber nicht ohne sich mit der Frage auseinanderge-setzt zu haben, was sie letztendlich in den terroristischen Untergrund getrie-ben hat. "Am Ende spielte der Zufall doch die größte Rolle. Ob Du zu einem bestimmten Zeitpunkt die richtigen Leute getroffen hast – das war entschei-dend dafür, ob Du zur RAF kamst oder nicht. Es hätten ja Zehntausende sein können damals, vom Uniprofessor bis zum Studenten, vom Arbeiter bis zum Freak."[60]

## Den Himmel spüren sie in sich

Es geht der über den Weg in den Untergrund entscheidenden Menschenbe-gegnung doch auch ein Erleiden der Wirklichkeit und eine daraus resultie-rende Meinungs- und Willensbildung voraus, die die Gewaltbereitschaft ei-nes Menschen verstärkt. Im Sinne des zweiten Teiles dieses Buches über die Auseinandersetzung des Menschen mit seiner Umwelt, den Mitmenschen und dem eigenen Schicksal, können wir von hohen moralischen Idealen sprechen, die ein jeder Mensch auszubilden bemüht ist. Es ist eben nur die spannende Frage, inwieweit diese Ideale auch zu Leitbildern für das alltägli-che Handeln in der Welt werden können. In der Tat schaffen wir uns, bewußt oder unbewußt, fortwährend Bilder von der Wirklichkeit, die uns umgibt, und derjenigen, die wir zu schaffen bemüht sind. Im Sinne des im Ansatz beschriebenen spirituellen Menschenbildes der Anthroposophie kön-nen wir an dieser Stelle sogar noch weitergehen und vermuten, daß die Erfahrungen des Menschen in der geistigen, vorgeburtlichen Welt auch ins Erdenleben hereinragen. Auch diese Lebenserfahrungen schaffen Bilder! Bilder, die die latenten Handlungsmotive eines Menschen formen und die eng mit dem eigenen und dem Schicksal von Welt und Menschheit ver-knüpft sind.

Es gibt inzwischen einige Berichte von Menschen, die den Zustand des klinischen Todes erlebten und nach erfolgreicher Reanimation von ihren Erfahrungen jenseits der Schwelle berichten können. Solche Menschen ha-ben als eine der ersten Erfahrungen außerhalb ihres physischen Leibes ihr gelebtes Leben in Bildern erlebt, die in detaillierter Genauigkeit alle Erfah-rungen des vergangenen Erdenlebens widerspiegelten. Solch eine Bilder-welt, die für den Anblick des Verstorbenen sein vergangenes Erdenleben erneut ins Bewußtsein rufen[61], breitet sich auch vor dem Wahrnehmen der Menschenseele auf dem Weg ins Erdenleben aus, insofern sie das zukünftige Schicksal verdeutlicht. Das Ringen des Menschen besteht im fortschreitenden Erdenleben nun darin, die tatsächliche Übereinstimmung der Erdenwelt mit diesen geistigen Urbildern zu suchen. In der Erziehung ist es vor diesem Hintergrund wichtig, so zum Kind zu sprechen, daß die im Unbewußten vorhandenen wirksamen Bilder in die seelische Wesenheit des Menschen hereingerufen werden, um damit im Erdenbewußtsein verfügbar zu sein. Nun sind diese Bilder nicht einfach Bilder, sondern in der Seele wirksame Kräfte. Und diese Kräfte müßten sich wüst und unbeherrscht entladen, wenn sie das menschliche Seelenbewußtsein nicht erreichen und damit für den gedanklichen Zugriff des Menschen unverfügbar bleiben müßten. Rudolf Steiner beschreibt die Folgen einer in diesem Sinne nicht erfolgten oder mißlungenen Erweckung dieser Kräfte folgendermaßen:

"Verloren gehen diese Kräfte nicht; sie breiten sich aus, sie gewinnen Dasein, sie treten doch in die Gedanken, in die Gefühle, in die Willensimpulse hinein. Und was entstehen daraus für Menschen? Rebellen, Revolutionäre, unzufriedene Menschen, Menschen, die nicht wissen, was sie wollen, weil sie etwas wollen, was man nicht wissen kann, weil sie etwas wollen, was mit keinem möglichen sozialen Organismus vereinbar ist, was sie sich nur vorstellen, was in ihre Phantasie hätte gehen sollen, da nicht hineingegangen ist, sondern in ihre sozialen Treibereien hineingegangen ist. ... Wenn heute die Welt revoltiert, da ist es der Himmel, der revoltiert, das heißt der Himmel, der zurückgehalten wird in den Seelen der Menschen, und der dann nicht in seiner eigenen Gestalt, sondern in seinem Gegenteile zum Vorschein kommt, der in Kampf und Blut zum Vorschein kommt, statt in Imaginationen (Erscheinungen geistiger Urbilder im irdischen Bewußtsein, P.K.). Es ist daher gar kein Wunder, wenn jene Menschen, die sich an solchem Zerstörungswerk der sozialen Ordnung beteiligen, eigentlich das Gefühl haben, sie tun etwas Gutes. Denn was spüren sie in sich? Den Himmel spüren sie in sich; er nimmt aber nur karikaturhafte Gestalt an in ihrer Seele."[62]

Wir haben bereits einiges über die Ursachen der Gewalt betrachtet, so daß wir anhand dieser Worte Rudolf Steiners nun einen weiteren Schritt machen können. Im Hinblicken auf die Formen organisierter Gewalt in revolutionären autonomen terroristischen Gruppen fällt ja auf, daß die ganze kriminelle Energie aus diesem Grundgefühl genährt wird, einer an sich positiven Sache zu dienen. Der Zweck heiligt die Mittel. Es hat eine bewußtseinsmäßige Desorientierung stattgefunden, die dem politisch motivierten Gewalttäter Glauben macht, außerhalb der Gesetze handeln zu dürfen. Heu-

70

te am Ende des 20. Jahrhunderts leben wir in Verhältnissen, die nicht nur immer unfaßlichere Formen von Gewalt hervorbringen, sondern auch Philosophen, die auf hohem gedanklich-kritischen Niveau Theorien der Rechtfertigung ausbilden, die der These "Gewalt vor Recht" entsprechen. Dieses wird am Beispiel des Österreichers Günther Anders deutlich, der im ersten Band seines Hauptwerkes über "Die Antiquiertheit des Menschen" schreibt: "Wer an eine Terra incognita verschlagen wird, der kann nicht zugleich mit deren Vermessung und kartographischer Aufzeichnung beginnen. Erst einmal wird er sich dem Zufall überlassen, sich treiben lassen, sich herumtreiben müssen. Zunächst wird er auf dasjenige lossteuern, was ihm zuerst ins Auge fällt. ... Aber daß er sein Ziel auf kürzestem Wege erreiche, ist äußerst unwahrscheinlich; vielmehr wird er sich auf seinem weglosen Wege verlaufen ... Und wenn er sein Ziel dabei nicht vergißt, aus den Augen verlieren wird er es sicherlich. Und dennoch wird diese Landstreicherei für ihn nicht ohne Wert sein. ... (Irgendwann wird er an einen Punkt gelangen, von dem aus der Rundblick möglich ist.) ... Keine Frage, er hätte diesen Punkt viel direkter erreichen können. Wenn es einen Weg gegeben hätte. Aber den Weg wird es eben erst aufgrund dieses Umweges geben."[63]

Anders geht dann in seiner Beschreibung so vor, daß er den Nachweis dafür zu erbringen sucht, daß die Menschheit im Ringen um das Verständnis der wichtigsten Lebensfragen auf den Umwegen in die Irre geht. Sie sei allgemein nicht in der Lage, beispielsweise das Problem der atomaren Rüstung zentral ins Auge zu fassen. Sie verdränge es sogar. Folglich stehe es dem Denker und schließlich – das wird in anderen Abhandlungen deutlich – sogar dem Gewalttäter zu, sein Anliegen überzeichnet zum Ausdruck zu bringen, zu übertreiben, wo permanent untertrieben werde. Anders spricht von einer Apokalypseblindheit der Menschen. Der Fortschrittsbegriff in seiner Einseitigkeit habe bewirkt, daß die drängenden Probleme schlicht nicht wahrgenommen werden. Für Anders leben wir in einer "Endzeit", in der die Entscheidung über Aufgang oder Untergang der Menschheit fallen wird. Vor dem Hintergrund der Blindheit seiner Umgebung für diesen Ernst der Zeit könne Gewalt gegen Menschen und Sachen das einzige Mittel sein, sich als Sehender unter Blinden verständlich zu machen. In diese fürchterliche Legitimation des Hasses mündet die Resignation des Philosophen.

Zu meinen ersten persönlichen Eindrücken von politisch motiviertem Widerstand gehörten die Vietnam-Demonstrationen Ende der sechziger Jahre. Die dortigen Kriegsereignisse, die brutale Art des amerikanischen Eingriffs veranlaßten Massen junger Leute in aller Welt zum Widerstand in ähnlichen, wenn auch energischeren Formen, wie gegen die Golfkriegsereignisse in heutiger Zeit. Das Unfaßliche des Krieges inspirierte die Pop-Musik, die Friedensbewegung und schließlich auch die Begründer der RAF. Das Ideal von einer im Frieden lebenden modernen Menschheit in den Seelen der jungen Generation prallt heute wie damals auf die tatenlose Verdrängung der die Politik bestimmenden Menschen. Es ist bewegend, in entsprechenden Berichten zu lesen, wie gute und intelligente Idealisten in den sechziger Jahren an ihrem Erleiden der Welt zerbrachen und die Gewalt als ihr Mittel zur Verdrängung und zum Widerstand erwählten. Es steht zu hoffen, daß sich diese Folgen des Vietnamkrieges in den vom Golfkrieg überschatteten neunziger Jahren nicht wiederholen. – Ich möchte im folgenden das Phänomen des Terrorismus etwas genauer betrachten, weil diese Erscheinungsform von Gewalt aus dem ursprünglichen, dann irregeleiteten Liebewillen eines Menschen hervorgeht.

## Zerrbilder geistiger Erfahrungen

Erinnern wir uns an die drei Erlebnisformen des Menschen in der geistigen Welt und ihre Widerspiegelung in den irdischen Lebensverhältnissen. Zunächst ist da das Verhältnis zur Umwelt, das so ist, daß die Folgen vollbrachter Taten ganz im eigenen Bewußtsein aufgehen. Der Mensch schaut da nicht außer sich die Reaktionen eines anderen Wesens, sondern erlebt sie in sich. Hier, in der physischen Welt, verbinden wir uns mit der Umwelt durch die sinnliche Wahrnehmung; was in der Welt geschieht, findet außerhalb von uns statt. In der geistigen Welt hängen wir mit den Vorgängen und Wesen um uns so zusammen wie in der physischen Welt mit unserem Ich: im Sinne einer *Totalidentifikation.* Es gibt in der Geistwelt nicht die Frage, ob mich etwas bewegt, betroffen macht, was im Wahrnehmungsumkreis auftaucht, denn alles Wahrnehmbare lebt im eigenen Bewußtsein.

Der Mensch wird, wenn er aus dem Erleben der Geistwelt in das der Erdenwelt eintritt, wirklich in eine Terra incognita gestoßen, und je nach dem, wie stark der Drang in ihm lebt, auf der Erde wieder an die Erlebnisse der Geistwelt anzuknüpfen, wird er Unvorstellbares in der Konfrontation mit der Gleichgültigkeit seiner Mitmenschen den Weltereignissen gegenüber erleiden. Je spiritueller ein Mensch veranlagt ist, um so größer ist daher die Gefährdung durch das Auftreten der Zerstörungslust in ihm. Seine Hilflosigkeit treibt ihn dazu, dort zu *übertreiben,* wo *untertrieben* wird. Besonders deutlich wurde mir das im Schlußwort Peter Jürgen Books in seinem Prozeß in Stammheim. Er beschrieb einen Hund, der so lange wehrlos in die Enge getrieben wird, bis er verzweifelt damit beginnt, um sich zu beißen.[64]

In besonderer Weise haben sich die Brüder des von Terroristen ermordeten Gerold von Braunmühl um diese Erkenntnis bemüht. In ihrem zweiten offenen Brief an die RAF stellen sie die Frage nach Formen der Veränderung des als unrichtig Erkannten und zeichnen das Bild ihres Bruders so, daß da jemand in politischer Verantwortung in vorgegebenem Rahmen um die gleichen Ziele rang, wie im eigentlich tieferen Sinne auch seine Mörder.[65] Zwei Autoren gehen in ihren Aussagen zum Braunmühl-Brief sehr weit, wenn sie sagen, "die K-Gruppen und auch die erste Generation der RAF waren unter anderem das traurige Ergebnis unserer Stummheit, unseres Mangels an Konzepten."[66] Das steht ganz im Kontext der Braunmühl-Briefe und trifft das Erleben derjenigen Menschen, die aus Überzeugung den Weg in den terroristischen Untergrund wählten.

In seinem Roman "Abgang" hat Peter Jürgen Boock ein erschütterndes Zeugnis von diesem Erleiden der Stummheit als Motivationsfaktor für seinen Weg in den Untergrund gegeben.[67] Verzweifelt fordern die einen, daß der Kampf, der das einzige ist, was zählt, weitergeht, und finden vor dem Hintergrund ihres Menschenbildes – "Der Mensch ist nichts als Materie wie alles" – zu der Feststellung: "Entweder Mensch oder Schwein, dazwischen gibt es nichts."[68] Die anderen, repräsentiert zum Beispiel durch Rudi Dutschke: "Sich selbst zu verändern, glaubwürdig zu werden, Menschen zu überzeugen und den verschiedensten Formen von Ausbeutung und Terror entgegenzuwirken, das mag in manchen Augenblicken ungeheuer schwer erscheinen, und dennoch gibt es dazu keine Alternative."[69] Rudi Dutschke sagte dies, nachdem er selbst die Möglichkeit eines sogenannten bewaffneten Kampfes durchdacht und für sich bewußt verworfen hatte.

Wenn etwas unvermittelt unsere Sinne schmerzhaft reizt, reagieren wir im Reflex. Die Hand werden wir vom heißen Topf zurückziehen, den gegen uns geführten Schlag abwehren oder im Gegenschlag erwidern. Im Sinne der vorgeburtlichen Erlebnisse treten die Weltprobleme beim jungen Menschen – das ist ein der Bewußtseinsentwicklung im 20. Jahrhundert entsprechendes Phänomen – zunehmend so auf, daß er sie unmittelbar und ohne Distanz im eigenen Seeleninnern erlebt und unreflektiert seine Verantwortung nicht nur für das eigene, sondern auch für das Handeln der Menschheit übernimmt. Wir fanden: Die Welt ist ein Widerstand, den der Mensch erleidet, die Sinneswahrnehmungen entstehen überhaupt an diesem Widerstand, und ohne diesen wäre es uns unmöglich, zum Erleben unserer Individualität zu finden. Nur das Erleben des Objekts läßt uns Subjekt sein.[70] An sich könnte das zu positiven Verhaltensweisen führen: die sogenannte Dritte Welt als ganz zum eigenen Verantwortungsumkreis gehörend zu erleben und sich dann entsprechend zu engagieren. Das aber erfordert eine seelische Stabilität, die bei Terroristen nicht oder nicht mehr vorhanden ist. Die spontane Hilfsbereitschaft als naheliegende Reaktion kommt nicht auf, sondern eine kriminelle Gesinnung, die den *Kampf* im Sinne der RAF als einziges Mittel erachtet und einem vom Bewußtsein unkontrollierten Reflex gleichkommt. Daß es dem Selbstverständnis der Terroristen entspricht, dabei ohne Theorie zu handeln, beleuchtet nur um so mehr den Quellgrund ihrer Gewalt, den desorientierten Liebewillen, denn lieben tut man meistens nicht vor dem Hintergrund einer Theorie.[71]

Das an sich zeitentsprechende Erleiden der Weltverhältnisse im eigenen Bewußtsein könnte zu Zusammenschlüssen von Menschen in Gruppen führen, in deren Zentrum Ideale so leben, daß die Möglichkeiten des Einzelmenschen erhöht werden. Man kann in diesem Zusammenhang sagen, daß im Gespräch Gedanken und Worte so wirken, daß unmittelbar Urbilder aufgerufen werden, die dann geradezu wesenhafte Wirkungen entfalten. Hieran wird deutlich, daß die vorhin beschriebene Tatsache einer vorgeburtlichen Vorausschau auf ein kommendes Erdenleben nicht nur positiv, sondern auch negativ wirkende Bilder in den Tiefen der menschlichen Seele verankert. Somit könnte man Diskussionsrunden junger Menschen als Gelegenheiten der Selbsteinweihung bezeichnen, denn nicht nur neue Gedanken sind es, die den beteiligten Gesprächsteilnehmern zugänglich werden, sondern in sich wesenhafte Bewußtseinsinhalte, die das Handeln der Menschen beeinflussen.

Wir kommen hier zur Verzerrung der zweiten vorgeburtlichen Erlebensform des Menschen, für die klar anschaubar ist, wie geistige Wesen im Schicksal wirksam sind. Wiederum ist es ein latentes Bedürfnis, das zu den entsprechenden Gruppenbildungen führt, ein Bedürfnis nach Spiritualisierung der sozialen Gestaltungen. Im Sinne Michail Bakunins kann der Mensch dem Irrtum verfallen, daß der Zerstörung des Alten der Aufgang des Neuen folgen *muß*. Daraus resultiert die Annahme von der Notwendigkeit der Zerstörung, die dann nicht aus blinder Wut, sondern eiskalter Berechnung zwanghaft folgt. "Das selbsterarbeitete, selbstsuggerierte Potential an Bildern der Zerstörung und des Umsturzes ergreift das Bewußtsein so sehr, daß es sich wie ein *eigenes Wesen mit eigener Wirkmächtigkeit* ausnimmt, wie ein Wesen, das gleichsam von der *anderen* Seite in das Bewußtsein eintritt, *sich an die Stelle der bisherigen Identität* setzt und nun alles in den Bann des von ihm ausgehenden Unbedingten zieht. Der Revolutionär ist geistig schon in eine andere Wirkenswelt *'untergetaucht'*, ehe er aus der bürgerlichen Welt austritt ..."[72] Zunächst harmlose Protestformen führten aus den Diskussionen zu Taten. Man boykottierte etwa den Vorlesungsbetrieb von Universitäten mit Sit-ins. Als dann aber auf diese Weise vor dem Springer-Verlag in Berlin die Auslieferung der BILD-Zeitung verhindert wird, erfolgt der gewaltsame Gegenschlag der Polizei. Nun greift eine gespenstische Eskalation der Gewalt um sich, während der sich immer weiter das vorher Gedachte in unheimlichen Realitäten entlädt.

1967 kommen bei einem Kaufhausbrand in Brüssel 300 Menschen ums Leben. Die darauf folgenden Schreiben der Kommune I aus Berlin sind von dämonischer Kälte: "Neue Demonstrationsformen in Brüssel erstmals erprobt. ... Ein brennendes Kaufhaus mit brennenden Menschen vermittelt zum ersten Mal in einer europäischen Großstadt jenes knisternde Vietnam-Gefühl (dabeizusein und mitzubrennen), das wir in Berlin noch missen mußten ..."[73] Wer in diesen Jahren die Bilder vom Krieg in Vietnam in den TV-Nachrichten sah, kann ermessen, daß sie in den Seelen der ringenden Menschen schließlich den verzweifelten, total verirrten Protest aufriefen. Nicht unüberlegt wurde im Zusammenhang mit dem Golfkrieg die Pressezensur verhängt, denn das entfesselte Grauen übersteigt – das wurde während des Vietnamkrieges deutlich – jedes Vorstellungsvermögen. Würden die Fakten ungefiltert vermittelt, würden auch jetzt ganz andere Fragen und Verhaltensweisen aufkommen. Andreas Baader arbeitete einst als Sozialarbeiter in Berlin und versuchte auf seine Weise die für ihn chaotischen Verhältnisse zu ordnen. Ebenso sehen wir Gudrun Ensslin und Ulrike Meinhof als engagiert und enthusiastisch wirksame Menschen. Für sie brach in immer größerer Geschwindigkeit das kritisch-wache Vernunftsbewußtsein zusammen. Sie suchten nach einer allgemeinen Weltverantwortung der Menschen, nach dem Wirken hoher Ideale im Ausbilden des Bewußtseins und mußten im Erleiden einer rasch fortschreitenden seelischen Verdunkelung dem Wahn verfallen, als seien "Kugeln treffender als Argumente"[74], als könnte allein das Verbrechen zum Erwachen der Menschheit führen. Damit fand die RAF ihren Anfang.

Schon 1870 wird in einem "Revolutionären Katechismus" der Revolutionär als Geweihter bezeichnet. Es ist die Rede davon, daß der Revolutionär alle Bande zwischen sich und der bürgerlichen Welt gelöst hat, und er wird als streng gegen sich selbst beschrieben.[75] Damit sind die Ideale des Priestertums auf diejenigen übertragen, die der Finsternis zu dienen bereit sind. Mit der bedingungslosen Selbstaufgabe beim Schritt in die Illegalität geben die Terroristen der ersten Stunde ein letztes Zeugnis, daß sie sich, die zum höchsten Dienst veranlagt sind, den Gewalten einer menschenverachtenden Kaltblütigkeit ergeben haben. Alle folgenden Taten der RAF nehmen sich wie die Verzerrung der eigentlichen Menschheitsideale aus.

## Die philosophische Legitimation der Gewalt

In den Jahren seit dem Erscheinen des Buches über "Die Antiquiertheit des Menschen" ist Günther Anders immer mehr in den Sog seiner Gedankenbildungen geraten. So konnte er 1986 im Erörtern von "Notstand und Notwehr" auch kaum anders, als die Gewalt zum legitimen Mittel gesellschaftlicher Veränderung zu erheben. Konsequent erneuert er seine These, die Menschheit sei unfähig zur Angst, würde die drohenden Gefahren bewußt übersehen bzw. verdrängen. Damit hat er nicht ganz unrecht, nur ist es ihm nun nicht mehr möglich, die Realität *wahrer* Gedanken zu erkennen, auf das Erwachen der Menschheit aufgrund von gedanklicher Auseinandersetzung zu vertrauen. Diejenigen, die die Menschheit bedrohen, müssen "eliminiert" werden. Hier tritt in philosophischen Abhandlungen die Resignation der Terroristen auf, die bei Anders noch weitergeht, wenn er sagt: "Ich glaube, Hoffnung ist nur ein anderes Wort für Feigheit ... Hoffnung hat man nicht zu machen, Hoffnung hat man zu verhindern."[76] Ich meine, daß die Bekanntheit dieses Philosophen einerseits und die Situation der Jugend andererseits zu ernster Sorge Anlaß geben. Haben wir wirklich genug getan, um die Entwicklung des vorgeburtlichen Liebewillens in den Seelen der jungen Menschen zu ermöglichen? Haben wir genug anzubieten zur Erkraftung der Seelen, die im Erleiden der Welt als Widerstand zu sich selber finden sollen?

In der Zeit des Idealismus untersuchte ein Philosoph wie Johann Gottlieb Fichte die Kraft und Wirkensmöglichkeit der menschlichen Wesenheit, indem er ihren Kern als das menschliche Ich beschrieb. Nur das gilt als wirklich, was von dem Ich, dem Wesenskern des Menschen, als wirklich gesetzt wird. Dieser Philosophie liegt zum einen die Erkenntnis einer spirituellen Wahrheit zugrunde, insofern sie das Urewige, über alle Schicksalsunbille Erhabene des Menschen beschreibt. Zum anderen birgt sie auch die Gefahr in sich, einer solchen philosophischen Legitimation der Gewalt, wie sie von Günther Anders vertreten wird, Tor und Tür zu öffnen. Denn bei aller Erkenntnis der Möglichkeiten und Hoffnungen des eigenen Wesens, bei aller

76

Begeisterung für die in der Seele auftauchenden Ideen ist es doch oberstes Gebot, sie nur im Zusammenleben mit anderen Menschen unter Achtung ihrer Freiheit zu verwirklichen. Wenn aber die Erkenntnis, daß nur dasjenige wirklich ist, was von dem Menschen-Ich als wirklich gesetzt wird, sich unabhängig von der ausreichenden Bildung von Moral im Bewußtsein des Menschen Bahn bricht, kann dieser im Grunde genommen gar nicht anders, als mit aller ihm zur Verfügung stehenden Kraft, d.h. unter Umständen auch unter Anwendung zerstörerischer Gewalt, für das ihm Wesentliche handelnd einzutreten.

Hinzu kommt, daß der Mensch von sich aus dazu veranlagt ist, zu einem Gedanken den Gegengedanken zu bilden, der vernommenen Meinung die Gegenmeinung entgegenzusetzen. In diesem Schaffen des Widerspruchs aus dem eigenen Wesen heraus erlebt der Mensch sich als Ich. Auf die Ebene seelischen Erlebens erhoben tritt hier das allem Bewußtsein zugrundeliegende Prinzip der Sinneswahrnehmung als Sterbevorgang auf. Es ist die Sehwahrnehmung beispielsweise darin begründet, daß die Lichtwirkungen die feinen Schichten der Augenrückwand partiell zerstören und aus diesem Vorgang der Zerstörung das Bild der Sonne für unser Bewußtsein verfügbar werden kann. Dieses gilt nicht nur für den Sehsinn, sondern auch für alle anderen Sinne: Immer ist es ein Zerstörungsprozeß, der der Erfahrung der Lebenswirklichkeiten zugrunde liegt. So auch auf seelischer Ebene. Das Erlebnis der eigenen Individualität resultiert zum Beispiel aus den Erfahrungen der Andersartigkeit eines Mitmenschen, die man zuweilen direkt als Widerstand erleben kann. Ihm stellen wir zunächst wesenhaft unser eigenes Ich entgegen, lange bevor aus dieser Tathandlung entsprechende Gedankenbildungen hervorgehen.

Die Auseinandersetzung mit den Gefahren, Unmöglichkeiten, Bedrohungen usw., die für die menschliche Individualität aus der Umwelt hervorgehen, verleitet nun dazu, den berechtigten Gegensatz, der das Ich zum Erlebnis bringt, unverhältnismäßig zu verstärken. Insofern verkennt Günther Anders die Bedeutung der Hoffnung, indem er sie als eine das Ich gefährdende, schwächende Kraft bezeichnet, deren Wirkung man eben nicht zu unterstützen, sondern zu verhindern habe. Rein theoretisch, allein auf philosophischem Niveau hat diese Anschauung eine Berechtigung, aber sie widerspricht den Tatsachen des sozialen Lebens. Die Wirklichkeit einer zukünftigen Welt ist nie aus den Ideen, nie aus den Handlungen eines einzelnen Menschen allein ableitbar, sondern bedarf immer der Verständigung und des Zusammenklangs mit den Intentionen anderer Menschen.

# Das Bild des Menschen und die Wirklichkeit der Ideale

Es ist nun sicherlich an der Zeit, wenigstens die Richtung, wie zu den wirklich heilenden Kräften gelangt werden kann, anzudeuten. Aber es muß erneut gesagt werden, daß wir ohne ein spirituelles Menschenbild nicht auskommen! Die Annahme, der Mensch sei ein rein materielles Wesen, kann unmöglich den Blick für diejenigen Kräfte eröffnen, die der Welt mit jedem Menschen aus der geistigen Welt zukommen. Ohne Frage ist eine Erkenntnismethode nötig, die über die Begrenzungen der Sinneswelt hinausführt. Mit der anthroposophischen Geisteswissenschaft liegt eine solche Methode vor und mit ihr ist zugleich der Beweis erbracht, daß wir in bezug auf eine Spiritualisierung der Wissenschaft, der Religion, der Kunst und des sozialen Lebens nicht auf jene Mystik und Magie angewiesen sind, die heute vermehrt in den ungewöhnlichsten Formen auftreten und auf ihre Weise die jungen Menschen gefährden oder sogar gänzlich ihrer Lebensaufgaben und ihres Lebenssinns entfremden.

Es sind drei Erlebnisformen, die sich im Übergang von der geistigen in die irdische Welt wandeln: die Folgen der Taten, das Wirken geistiger Wesen im Schicksal der Menschen, die Erfahrung der Realität der Seelenkräfte. Wir sahen, daß ihre Verzerrung schrittweise in eine seelische Verfinsterung führt. Was aber geschieht, wenn sie in der rechten Weise ins Dasein treten? Wie nimmt es sich aus, wenn, allen Widerständen zum Trotz, Ideale zu Wirklichkeiten, auch und gerade in den irdischen Weltverhältnissen, werden? Man darf wohl jedem Menschen zusprechen, daß er in der einen oder anderen Weise zunächst die Mitverantwortung für die Weltverhältnisse im eigenen Bewußtsein erlebt. Daß er dazu neigt, dieses Verantwortungsgefühl zu verdrängen, hängt weniger mit seiner Wahrnehmungsfähigkeit als mit dem zusammen, was ihm an Begriffen zur Verfügung steht, die Wahrnehmungswelt zu durchdringen. Es ist ein Erkenntnisproblem, ob er die Ursachen und Erscheinungsformen der Lebenstatsachen in sein Bewußtsein aufnehmen und mit ihm verbinden kann. Geschieht das im Ansatz, wird daraus das Bedürfnis hervorgehen, sich mit anderen Menschen zusammenzutun, sich auszutauschen und zu organisieren. Damit findet sich, einfach schon durch den Austausch mit anderen, die Möglichkeit, sich kritisch mit der Welt auseinanderzusetzen. Was Günther Anders mit der Unfähigkeit zur Angst meint, ist eigentlich das Unvermögen, Fragen den Welterscheinungen gegenüber zu stellen oder sie zu ertragen. Es ist ein Charakteristikum unseres Jahrhunderts, daß es uns aufgegeben ist, mit *offenen Fragen* leben zu müssen. Das aber bedeutet im eigentlichen Sinne, auch das Unvorhergesehene miteinzubeziehen. So wird die Fähigkeit zur Hoffnung ausgebildet, nicht im sentimentalen, sondern im sehr wachbewußten Sinne, denn diese erschließt sich einer Gemeinschaft eher als dem einzelnen Menschen.

Und wir werden den Weg dazu finden müssen, ein ganz anderes Verhältnis zur Wirklichkeit der Seelenkräfte zu finden. Im Unterkapitel über Organisation und Interaktion wollen wir uns damit beschäftigen, inwieweit die Liebe der Menschen zueinander ein wesentlicher Gestaltungsfaktor innerhalb von sozialen Gemeinschaften ist. Die Welt kann tatsächlich durch das Verfügbarwerden geistiger Wirkenskräfte bis in ihre Außenseite hinein eine andere werden. Diese Möglichkeit gilt uns als die größte Aufgabe überhaupt. Wir brauchen Begriffe, die in sich lebendig sind, wir brauchen die Kraft, die großen und übergroßen Lebens- und Überlebensfragen zunächst zu ertragen, wir brauchen den Mut zu einer neuen Menschenliebe. Es geht um die Verwirklichung der höchsten Ideale; das ist umstritten, verpönt, verachtet – aber auch begleitet vom Hoffen auf die Zukunft von Welt und Menschheit, die wir der Möglichkeit nach alle schon in uns tragen. Die große Gefahr besteht darin, daß sich die Kräfte dieser so veranlagten Zukunft – durch was auch immer bedingt – in der Zerstörungswut entladen statt im Wandlungswillen. Dieses erscheint in fürchterliche Dimensionen gesteigert im Terrorismus. Es erscheint aber auch in den ganz alltäglichen Lebensfeldern, mit denen wir uns im folgenden etwas genauer beschäftigen wollen.

## Formen der Gewalt im sozialen Leben

Es ist unter anderem das Verdienst des Verhaltensforschers Konrad Lorenz, im Zusammenhang seiner im Buch "Über das sogenannte Böse" dargelegten Gedanken zum Thema der Entstehung von Gewalt, aufgezeigt zu haben, daß die Aggression nicht die *Reaktion* eines Menschen, sondern ein fortwährend und gar nicht nur im Zusammenhang des Auftretens zerstörerischer Gewalt wirkender *Trieb* ist. Das können wir uns an einer ganz einfachen Vorstellung verdeutlichen.

Nehmen wir an, ein Bildhauer entschließt sich, aus einem großen Marmorblock eine Plastik zu schaffen. Dann überträgt er in das steinerne Material eine vorher gebildete Vorstellung, realisiert einen gefaßten Plan. Seine ganze Kraft setzt er so gerichtet ein, daß das innere Bild in der äußeren Form erscheint. Würde der Bildhauer ohne das entsprechende Bild und ohne eine von daher gerichtete Kraft den Marmorblock bearbeiten, würde er ihn wahrscheinlich lediglich in Kies verwandeln. Im ersteren Fall verwandelt er den Marmorblock, im zweiten Fall zerstört er ihn.

Beiden Möglichkeiten gemeinsam ist, daß die Kraft, daß der Trieb, den wir *Aggression* nennen können, wirksam ist, nur daß er im zweiten Fall im Sinne zerstörerischer Gewalt auftritt. An diesem ganz einfachen Bild wird auch deutlich, was für die meisten Fälle des Wirksamwerdens des Aggressionstriebes in der Zerstörungskraft gilt, daß nämlich der in dieser Weise aggressiv handelnde Mensch ohne ein inneres Vorbild, ohne einen *Plan im höheren Sinne* handelt. Daß die Aggression des Gewalttäters planvoll gerichtet sein kann, stellt diese Theorie nicht in Frage, denn es kommt durch die Hand des Gewalttäters eben zu einer Zerstörung, die aus der äußeren Welt fortschafft, was ehemals aus einer planerfüllten Entstehung hervorging. Wenn ein Verbrechen geplant geschieht, ist lediglich der Einsatz der Zerstörungskraft kalkuliert. Das dem Künstler eigene Zukunftsbild ist damit überhaupt nicht vergleichbar. Allein die *Tatsache der Zerstörung* ergibt sich aus der den Lebenstatsachen gegenüber vorhandenen Bildlosigkeit, die darin begründet ist, daß die vorgeburtlich erlebten und aufgenommenen Urbilder für das Bewußtsein unverfügbar bleiben.

Indem wir nun in der Betrachtung der in der Gewalt wirksamen Aggression auf das Problem der Bildlosigkeit stoßen, müssen wir uns auch die Frage stellen, inwieweit die sich als Frieden darstellende Wirksamkeit kreativ gelenkter Aggressionen von der Wahrnehmungsfähigkeit eines Menschen abhängt. Wie sehen wir eigentlich die Welt? Gibt es ein Sehen, das den gewöhnlichen sinnlichen Wahrnehmungen übergeordnet, das der feineren Qualität einer im Menschen eigentlich von Natur aus wirksamen Moral zuzuordnen ist? Dieses Sehen, neben oder über dem gewöhnlichen Sehen, hat der in Kindheitsjahren erblindete Jacques Lusseyran in seinen Werken als einen ihm durch Schicksal zugekommenen Erfahrungswert beschrieben. Diese von ihm gemachten Erfahrungen sind aber auch für uns von außerordentlicher Bedeutung. In seinem Vortrag "Blindheit – ein neues Sehen der Welt" berührt er diese Wahrnehmungsqualität in einer Weise, die für unsere weiteren Erörterungen hilfreich sein kann.[77]

Wir haben uns bereits mit der "Initialerfahrung" der Wirklichkeit insofern befaßt, als daß wir den ersten Eindruck, das erste Gewahrwerden der Wirklichkeit als in vieler Hinsicht der Wahrheit am nächsten beschrieben haben. Für das soziale Leben in seiner Beziehung zu Aggression und Gewalt ist dieser Gedanke von eminenter Bedeutung, denn das, was im allgemeinen die tatsächliche Ausübung zerstörerischer, zersetzender Gewalt bedingt, ist nicht dieses erste Erfahren der Wirklichkeit eines anderen Menschen, sondern ein Mangel an Treue dieser Initialerfahrung gegenüber. Das wahre Bild wird von Erfahrungen getrübt, verschleiert. Wir können daraus erkennen, daß es in geschenkten Augenblicken des Lebens möglich ist, für einen kurzen Moment dieses *Sehen neben oder über dem Sehen* zu erfahren. "Was man sich einfach klarmachen muß, ist die Tatsache, daß das Sehen nicht aus der Arbeit der Augen allein besteht. Das Sehen, das Vermögen zu sehen, besteht vor dem Instrument, das unsere Augen sind. Solange die Menschen dies vergessen, werden sie immer wieder Illusionen und Mißerfolgen gegenüberstehen. Sie werden ungeduldig sein, sie werden sehen wollen, immer mehr und mehr, und sie werden nicht mehr wissen, wer es ist, der vor einer solchen Flut von Eindrücken steht und sie sieht."[78]

Es verbindet sich mit dem so von Lusseyran beschriebenen Problem die Gefahr, aus einem falsch angewandten Begriff von Wirklichkeit heraus zu resignieren. Niemand kann es einem Jugendlichen verdenken, der schon allein biographisch in einer ganz besonderen Weise in die Auseinandersetzung mit seiner Umwelt und seinem Schicksal verstrickt ist, daß er aus seinem Leiden am Mangel an Übereinstimmung zwischen innerer Erwartung und äußeren Möglichkeiten heraus resigniert. So wird er seine Lebensverhältnisse nicht nur verneinen, sondern schließlich auch bekämpfen. Hier, aber auch in allen anderen Phasen des menschlichen Lebens, ist es geboten, die Erkenntnis Lusseyrans in das praktische Leben einzuführen: Es gibt ein Sehen vor dem Sehen. Wo immer diese Erkenntnis in der Praxis gehandhabt wird, verändert sich das Verhältnis zu dem oft als ungnädig empfundenen Schicksal. "Wenn wir irgendwo eine Wand, einen Verlust, ein Unglück wahrnehmen, ist es nicht Gott, der diese Wand errichtet hat, sondern unser Geist. Er ist aus der immerwährenden Schöpfung herausgetreten. Dem universellen Kraftstrom hat er gewissermaßen seinen eigenen Kraftstrom vorgezogen und genau hier ist er stehengeblieben. In Wirklichkeit gibt es weder eine Wand noch einen Verlust. Alles wird ersetzt und geht weiter."[79] In dem Sinne, wie es dem Menschen möglich ist, die Widerstände im Leben als Herausforderungen und Gelegenheiten zur Entwicklung zu erkennen, wird ihm das emotionale Leben immer bewußter handhabbar. Der schicksalsgegebenen Traurigkeit, Angst oder Hoffnungslosigkeit können mehr und mehr Zuversicht, Mut und Vertrauen bewußt entgegengesetzt werden. Damit tauchen andere Perspektiven und Einsichten in weitere Schicksalszusammenhänge auf. Für den Blinden hat dieses einen Einfluß auf seine Wahrnehmungsmöglichkeiten aus dem Sehen vor dem Sehen, insofern alle Trauer Dunkelheit und alle Freude ein inneres Lichterlebnis bereitet.[80] "Was die Ordnung betrifft, so ist sie die Entdeckung der ununterbrochen waltenden Schöpfung. Wir klagen ohne Unterlaß die Bedingungen unseres Lebens an. Wir nennen sie Vorfälle, Unfälle, Krankheiten, Verpflichtungen, Gebrechen. Wir würden unsere eigenen Bedingungen gern dem Leben aufzwingen. Hier liegt unsere eigentliche Schwäche. Wir vergessen dabei, daß Gott niemals neue Umstände für uns schafft, ohne uns zur selben Zeit so auszurüsten, daß wir diese Umstände bestehen können."[81]

Mit diesem Aufgreifen einiger Motive aus dem Vortrag von Jacques Lusseyran wollte ich aufzeigen, daß meines Erachtens das Auftreten von Gewalt eng mit einem Mangel an Wahrnehmung, besonders im sozialen Leben, verknüpft ist. Man spricht nicht umsonst in der Charakteristik eines besonders perfiden Gewalttäters von dessen moralischer Blindheit. Mit einer solchen Charakteristik ist aber auch angedeutet, daß es ein Gefühl und eine Empfindung für das Wesen einer Sache oder eines Menschen gibt, was einem jedem zunächst zu eigen ist und was auftreten kann, solange ihm nicht diametral entgegenstehende Bewußtseinsinhalte und Schicksalskrisen den Vorgang der inneren Erblindung einleiten und bedingen.

## "Enttäuschung" – ein Einfallstor für Gewalt

Ich will an dieser Stelle der Schrift nicht mehr allzu viele Worte darauf verwenden, daß der Begriff der Enttäuschung, wie wir ihn im allgemeinen anwenden, ein Irrtum ist. Wenn das Erlebnis der Enttäuschung mit dem Zeitfortgang verbunden ist, ist es im dargestellten Sinne eher eine Täuschung, eine Verschleierung dessen, was ursprünglich in seiner vollen Wahrheit und Wirklichkeit erkannt wurde. Was sich mit dieser Erfahrung an Leid verbindet, breitet sich in der Seele vor dem Hintergrund eines Mangels an Treue aus. Diese hängt allerdings im Sinne des vorigen Kapitels von dem ab, was als Kraft aus den den Verbitterungen entgegengesetzten Empfindungen hervorgehen kann. Zunächst einmal wird dieser Frieden und Gleichmut schaffende, aber eben vom Bewußtsein des Menschen abhängige Vorgang durch Kindheitserfahrungen erschwert, die mit dem Wesen der Aggression einseitig zusammenhängen.

Zwischen Kindern und Erwachsenen besteht zunächst ein biologisch bedingtes Machtgefälle, das auf die Kinder massiv und prägend wirksam ist. Erwachsene sind grundsätzlich stärker und im Umgang mit Gegenständen und Aufgaben des täglichen Lebens geschickter. Damit stehen ihnen die für das Kind sehr wirksamen Machtmittel zur Verfügung. Die Erwachsenen sind es, die ihren eigenen Moralkodex auf die Kinder übertragen, indem sie entscheiden, was gut oder böse ist. Damit erfährt das kindliche Verhalten durch die Entscheidungen der Erwachsenen einerseits eine Ausrichtung, andererseits aber wird dem Kind die *pädagogisch legitimierte* Gewalt zur Erfahrung, denn die Erwachsenen verfügen in aller Regel über einen großen Fundus an Repressalien, um ihre eigenen Vorstellungen "mit aller Macht" auf das Kind übertragen zu können.

Hierbei kommt es oft vor, daß die Eltern dem Kind gegenüber verbal oder tätlich gewalttätig werden und hinterher bekennen, daß sie das eigentlich gar nicht wollten. Wird dieses nun etwas genauer hinterfragt, stellt sich oft heraus, daß die Eltern im besten Sinne dem Kinde Verhaltensanweisungen gaben, die es aber meistens aus unschuldiger Naivität nicht befolgen wollte oder nicht befolgen konnte. Was für eine Art von Enttäuschung wird also hier zum Einfallstor von Gewalt? Eine der Grundmaximen der durch Rudolf Steiner begründeten Waldorfpädagogik schafft Klarheit: Es geht nicht darum, das Kind an die Erwachsenenwelt und deren vorgefaßten Werte zu gewöhnen, es in eine abstrakt vorgeplante Wirklichkeit einzuführen. Es geht vielmehr darum, Hindernisse fortzuschaffen, die der Entwicklung des Kindes, die es aus eigener Kraft und aus vorgeburtlichen Entschlüssen heraus nehmen kann und will, entgegenstehen.[82] Dieses lebensbejahende und zur Gestaltung der Lebens- und Schicksalsverhältnisse aus sich selbst heraus fähige, selbstbewußte Wesen ist es, mit dem sich die Elternliebe in ihrem ersten Auftreten voller Hingabe verbindet, wobei solch ein Eindruck über die Erscheinung eines Menschenwesens in der Gestalt eines Kindes erhaben ist. Er will aber auch dauernd, in diesem Falle von den Eltern, in Treue bewahrt werden. Und immer dann, wenn dieses einmal gesehene Bild erschüttert, getrübt wird, laufen die Eltern Gefahr, unter Umgehung ihres Bewußtseins dem Kinde gewalttätig entgegenzutreten.

Was sich dem Heranwachsenden bis etwa zum Zeitpunkt der Pubertät überhaupt nicht hinterfragt darbietet, ist eben zunächst nur das, was seine Eltern aus ihrem Leben, aus ihren Möglichkeiten gemacht haben. Mit der durch die Pubertät eintretenden Sozialreife werden die Lebensformen und Intentionen der Erwachsenen oft fragwürdig. Ein Kind hat, wenn nicht besonders schwierige Verhältnisse vorliegen, bis zu diesem Zeitpunkt an seinen Eltern Vorbild und im besten Sinne Autorität erfahren können, um nun darüber hinauszuwachsen, um als mehr und mehr mündiger Mensch das

Leben nach eigenen Einsichten zu führen. Damit ist dem Wagnis nichts an Brisanz genommen, das in der Aufgabe besteht, daß die Lebenswelt der Erwachsenen in eine harmonische Beziehung zu den Intentionen und der Zukunft ihrer Kinder gesetzt werden soll. Jedenfalls wird der junge Mensch spätestens jetzt erkennen, daß auch die Erwachsenen nicht nur aus hohen Idealen heraus lebende Menschen sind.

Der Jugendliche entwickelt aus seinen eigenen Lebenserfahrungen heraus auch immer mehr ein Empfinden für die Lebenskrisen seiner Eltern. Und das ist eine, allerdings aus biographischen Gesetzmäßigkeiten heraus, berechtigt auftretende, aber darum nicht weniger erlittene Enttäuschung: Was gut, wahr und schön ist, wie man sich als Mensch in ein richtiges Verhältnis zu seiner Umwelt zu setzen vermag, das erlebte das Kind an seinen Eltern. Nun muß der junge Mensch erkennen, daß die Handlungen, Gefühle und Gedanken seiner Eltern eben nicht nur wahr und – wenn man so sagen will – lebens- und schicksalskonform sind, sondern auch die Möglichkeit der Verirrung, Auflösung und Zerstörung beinhalten.

Im Hinblick auf diese Lebensphase ist aber auch die zur Erkenntnis ihrer Berechtigung gehörende Erfahrung einer bedeutenden Herausforderung möglich: "Wir hatten die einmalige Chance, ein geschlossenes Lebensmodell unserer Eltern abzulehnen – und dadurch an Konturen zu gewinnen."[83] Diese Ablehnung kann aber oft zu einer Selbstüberschätzung führen, insofern als daß es manch einem Jugendlichen durch seine bisherigen Lebenserfahrungen schwer möglich war, die eigene Verantwortung für das Schicksal auszubilden. Kommt es dann auf dem aus beginnender Eigenverantwortlichkeit gestalteten Lebensweg zu einem Scheitern, sind immer die anderen – die Eltern, die Vorgesetzten oder sogar die ehemaligen Lehrer – am Versagen schuld.

Die Gewaltbereitschaft der Jugendlichen hängt in den allermeisten Fällen damit zusammen, daß sie ihr Ideal von Mensch, Familie, Staat und den Personen ihrer Umgebung nicht mehr verwirklicht sehen und darum aus der ganzen, mit der inneren Sehnsucht verbundenen Liebekraft heraus beginnen, die Welt zu zerstören. So ist es ein gar nicht so unsinniger Spruch, der von irgendeinem unbekannten jungen Menschen als stiller Protest gegen die Erwachsenenwelt mit Filzstift an die Bushaltestelle geschrieben wurde: "Ihr wollt ja immer nur unser Bestes, aber ihr werdet es nicht kriegen." Wer aber sagt den jungen Menschen, daß es keine Enttäuschungen sind, die sie erleiden, sondern Täuschungen, die das ursprünglich für wahr und wirklich Erkannte verschleiern? Wer bemüht sich mit ihnen gemeinsam um die Kraft, an den Leitbildern festzuhalten? Wer lehrt sie die so lebensnotwendige Toleranz?

Nun kommt im Jugendalter eine Fähigkeit zum Tragen, die dann auch für den Erwachsenen im Zusammenhang der dargestellten Problematik von eminenter Bedeutung ist: die Fähigkeit der Erinnerung. Es geht der Möglichkeit der Treue eben doch voraus, daß man sich an die Erfahrungen der Wahrbilder auch erinnern kann. Nun ist dieser Vorgang der Erinnerung ein in vieler Hinsicht differenzierter. Eine Art sachliche Erinnerung an die einmal gemachte Erfahrung der Liebe wird ein jeder, der sie einmal machte, in den allermeisten Fällen haben können. Nur ist es mitunter sehr verschieden, wie diese sachliche Erinnerung emotional "aufgeladen" wird. Mit sachlicher Erinnerung ist nicht etwa ein gefühlloser Vorgang gemeint, sondern ein solcher, der die zu ihm gehörenden Empfindungen aus dem Moment der entsprechenden Erfahrung hervorbringt. Bei diesem allein wird man in aller Regel aber nicht stehenbleiben. Es wird mit der Erinnerung an die erste Liebe entzündende Begegnung ein ganz subjektives Gefühl verbunden. In der Folge davon wird vielleicht der eine zum Schwärmer, der andere wird nachdenklich und versucht, die gemachte Erfahrung mit philosophischer Akribie zu verstehen. In beiden Fällen bleibt die Erinnerung für das Bewußtsein des Menschen nicht das, was sie eigentlich im Sinne der tatsächlichen Erfahrung sein sollte. Sie wird vielmehr durchlässig für eine mehr hinter ihr liegende Kraft, die nun unkontrolliert in die zum menschlichen Bewußtsein unmittelbar gehörende Seelen- und Tatwelt hineindrängt.

Andererseits sahen wir, daß jede Wahrnehmung sinnlicher, seelischer oder geistiger Art sich am Widerstand, am Schmerzerlebnis ereignet und zum Erkennen der Idee verdichtet. Diese Besonderheit ist zugleich die Grundlage der Erinnerung, wobei das Erlebnis von Schmerz und Widerstand an sich nicht erhalten bleibt, wohl aber das, was als Erfahrungswert gleichsam durch sie hindurch als Idee mit dem menschlichen Bewußtsein verbunden wird. Eben dies ist Gegenstand der Erinnerung, die dann durch die *freie* menschlich-willkürliche Entscheidung als Ideal mit der Tatwelt verbunden wird und dort im Bilden und Verwandeln der stofflichen Realitäten wirksam sein kann.

Die eigentliche Kraft, um die es hier geht, die hinter der Erinnerung wirksam ist, ist die Kraft der Aggression. Sie ist es, die aus einem gesunden Seelenleben heraus den Menschen mit der Welt der Ideen insofern verbindet, als daß sie in die Lage versetzt, die Ideen in ihrer Reinheit überhaupt zu ertragen. Nehmen wir das Beispiel der Friedfertigkeit. Wie schwer ist es,

diese Eigenschaft, diese Fähigkeit im Erleben und Erleiden der Weltverhältnisse darleben zu können? Da ist es notwendig, auf ideeller Ebene die Tu-
gend der Friedfertigkeit mit einer gewissen seelischen Kraft zu erfassen, die
dem ganzen Erleben der Friedlosigkeit um uns herum ein eindeutiges, wirksames, aber auch aggressives *Trotzdem* entgegenstellt. Solange die Aggressionskraft in dieser Weise in ihrer vollen reinen Kraft hinter der Erinnerung
wirksam ist und in die Welt der Erinnerung, in der die Ideen zu Idealen
werden, nicht eingreift, hat sie noch ihre volle Berechtigung. Greift sie aber
infolge einer im eben beschriebenen Sinne getrübten Erinnerung in die Ebene des menschlichen Bewußtseins ein, wo aus Ideen Ideale werden, beginnt
der Mensch eine Kompromißlosigkeit zu entwickeln, die ihm jedwedes Verständnis seines Mitmenschen erschwert. Vielmehr muß sich die Kraft der
Aggression, die sich auf ideeller Ebene noch als die des *Widerstandes* auslebt, auf der des idealistischen Welterlebens und Weltverstehens in die der
sozial wirksamen *Toleranz* verwandeln. Auf dem Niveau, auf dem wir unsere Lebensverhältnisse bis in die Veränderungen und Verwandlungen der
stofflichen Realitäten hinein gestalten, wirkt diese Kraft, wenn sie durch die
gerade bezeichneten Irrtümer fehlgeleitet ist, grundsätzlich destruktiv. Ver-
ständnislosigkeit in ideeller Hinsicht, die zu Kompromißlosigkeit in bezug
auf die die Ideale schaffenden Vorgänge in der menschlichen Seele geworden ist, wird zum primären Gewaltindikator.

Auch hier liegt eine sogenannte Ent-täuschung vor. Alles beginnt eben
damit, daß – aus welchen Gründen auch immer – das Gewahrwerden der
Ideen in aller Klarheit als Initialerfahrung nicht möglich oder aber nicht in
rechter Weise erinnerbar ist. Gravierende Auswirkungen hat dies für die
Moral, die – wie wir sahen – in seelischer Hinsicht als eine Wahrnehmungs-
kraft gelten kann. Der Verlust von Moral, d.h. das Eintreten einer seelischen
Blindheit, tritt dort ein, wo sich die Methoden naturwissenschaftlicher Forschung bis zu einer Ausschließlichkeit vereinseitigen.[84] Die damit verbundenen tragischen Entwicklungen für das Seelenleben hat in klassischer Form
Charles Darwin erlebt und in seiner Autobiographie beschrieben. Es hat sich
dies natürlich gerade in der neuen Zeit häufig wiederholt, indem – für
manch einen geradezu unverständlich – Menschen mit einem hohen Wis-
sensstand mit aller Hingabe und aller Kraft dem Werk der Zerstörung dienen. Hierbei spielt die entscheidende Rolle, daß ein sich beispielsweise den
Naturwissenschaften zuneigender Mensch in Schulzeiten die Ideen über die
Stoffe, Kräfte und Gesetzmäßigkeiten der Welt in einseitiger Weise präsen-
tiert bekommt, und es ihm darum nicht mehr möglich ist, das reine Erleben

der Idee in der Wirklichkeit als Fähigkeit zu erüben; dies wäre aber dem Entwicklungsfortschritt von der Kindheit zur Jugend eigentlich angemessen. Die Kraft des Widerstands, im Sinne zerstörerisch wirkender Aggression, beginnt das Handeln des Menschen zu leiten.

## Lieben ist eine Kunst

Wir haben uns im zweiten Teil des Buches deutlich gemacht, wie es von ausschlaggebender Bedeutung ist, für das allen Menschenleben zugrundeliegende Seelenleben drei jeweils für sich selbständige Wirklichkeitsebenen voneinander zu unterscheiden. Wir haben die Ideen, die Ideale und die stofflichen Realitäten als diesen Weltwirklichkeiten zugehörig erkennen gelernt. In den sozialen Fähigkeiten eines Menschen spiegeln sich diese Ebenen in der Fähigkeit wider, gleichsam geronnene Schicksalsverhältnisse mit der Kraft eines zukunftsorientierten Lebens, d.h. mit Ideen zu beleben und aufzubrechen. Diese Ideen werden in der menschlichen Seele zu Idealen und solange diese im sozialen Leben in positiver Weise wirksam sein sollen, wird der Mensch auf die Fähigkeit der Toleranz angewiesen sein, die die Individualität und Handlungsfreiheit seiner Mitmenschen anerkennt. Im gestaltenden Umgang mit den Verhältnissen der sinnlichen Weltwirklichkeiten kann vor dem Hintergrund der idealismusgetragenen Toleranz die Kreativität positiv wirksames Handlungsprinzip sein. Wenn die Fähigkeit der Erinnerung im vorhin beschriebenen Sinne durch eine Überintellektualisierung gefährdet oder aufgehoben wird, wirken die Ideen einseitig als die Kraft des Widerstandes, die dann auf der Ebene der Ideale eine freiheitsverachtende Kompromißlosigkeit hervorbringt. Dieses ist der Weg, die sinnlichen Wirklichkeiten nicht vom kreativen Wandlungswillen getragen zu verändern, sondern der schließlichen Unterwerfung unter den Zwang zerstörerischer Gewalt.

Im Blick auf die Formen zerstörerischer Gewalt, zu denen Menschen offenbar fähig sind, stellt sich die Frage nach der verschiedentlich erforschten und interpretierten Prädestination des Menschen. Solange man den Menschen als ein Tier betrachtet, wird man nur die *eine* Natur des menschlichen Wesens im Auge haben, die zunächst einmal gewaltgeneigt erscheint. In der Psychologie hat die Anwendung solcher Überlegungen zu sehr drastischen Formulierungen über die menschliche Wesenheit geführt: "Der Mensch als solcher sei die menschliche Krankheit. Er sei seinem Wesen nach siech und pathologisch; ein verpatzter Versuch, ein Fehltritt, eine Laune der Natur."[85]

In diesem Sinne erscheint ein gewaltloses Verhalten des Menschen als phylogenetisch angepaßt, das Erscheinen von Aggressionen in zerstörerischer Gewalt als ein typisch tierisches Verhalten des Menschen. Dabei ist es allein seiner Verdrängungsfähigkeit zuzuschreiben, daß er ein großes Maß destruktiver Aggression billigend und ohne moralische Skrupel in Kauf nimmt und nur solches Handeln als gewalttätig definiert, das der geplanten Zerstörung dient. Nur bleibt so unberücksichtigt, daß es der zweiten und viel eher als typisch menschlich zu bezeichnenden Natur entspricht, dort nicht zu hassen und zu zerstören, wo der irregeleitete Aggressionstrieb unter Umständen zwanghaft dazu drängt. Jedem Zwang kann aus einem aus wirklicher Freiheit gegründeten Erkenntnisleben jenes aus der Welt der Ideen hervorgehende Trotzdem entgegengestellt werden. Bis hin in vorgeburtliche Erlebnisse hinein reichen die Erfahrungen, die einer als angeboren erscheinenden Symbol- und Lernfähigkeit sowie der dauernden Wandelbarkeit – eben der zweiten Natur des Menschen – zugrunde liegen.[86] So muß ein jeder Mensch schon etwas können und sogar wissen, um Wissen erwerben und lernen zu können.

Die Lernfähigkeit und der Lernwille begründen die Sehnsucht nach Verständnis und Liebe. Sie sind dabei die eigentlichen Antriebskräfte des sozialen Lebens. Demgegenüber reduziert Gewalt "den Mitmenschen zum Objekt und Mittel, beleidigt und erniedrigt ihn und bewirkt über die verschiedenen Formen der Dehumanisierung schließlich seine irreversible Verdinglichung und Vernichtung. Gewalt macht ihn schließlich zum Ding des Leichnams."[87]

Den Gegensatz zu dieser Reduzierung bildet die Wertschätzung und Anerkenntnis des Mitmenschen. Sie basiert auf der angewandten Liebefähigkeit, die allerdings im Sinne der Kunst als ein kreativer Prozeß erscheint und so geübt, errungen werden will.[88] Es gibt einen Grundtrieb, der einen jeden immer wieder dazu veranlaßt, aus einer unbezähmbaren Sehnsucht heraus, sich gerade in dieser Kunst zu üben. Die Gelegenheiten der Liebe lassen sich erinnern, ihre Erfahrung selbst, die Liebe an sich, aber nicht. Sie ist nur in der konkreten Begegnung, in dem konkreten Ereignis erfahrbar und entzieht sich vollständig der Fähigkeit der Erinnerung. Sie erscheint so als ein übersinnliches geistiges Erlebnis in der Seele und ist eben diesem ihrem eigenen Wesen nach nicht erinnerbar.

Da natürlich jeder nur dort sozial wirksame Beziehungen aufbaut, wo Liebekräfte gestaltend wirksam sind, haben wir es im Entstehen von Bindungen meistens mit Initialerfahrungen zu tun. Dabei wirken die Erfahrungen im weiteren Fortgang immer so, daß sie den Glanz dieser Initialerfahrungen trüben. Somit laufen wir im Zusammenhang mit den wesentlichsten Lebenserfahrungen dauernd Gefahr, in die Sehnsucht nach Gewalt abgedrängt zu werden. Diese aus Enttäuschung geborene Gefährdung bringt eine Art Stauung aggressiver Seelenkräfte hervor, die dann in Formen legalisierter Gewaltausübung – Jagd, sportlicher Wettkampf etc. – ausgelebt werden. Hiermit verbunden ist ein gefährlicher Etikettenschwindel, der legitimiert, was in der Anwendung einer wirklich menschlichen Moral nicht legitimierbar ist; die Erkenntnis der Quellen der Gewalt wird erschwert.[89] Der Möglichkeit der Liebe, d.h. der Möglichkeit engagierter Friedfertigkeit, liegen also Erkenntnisse notwendig zugrunde, die häufig in den täglichen Erfahrungen der Weltwirklichkeit so sparsam eingestreut sind, wie eine kleine blühende Blume in das Geröllfeld.

## Lieben und Hassen der Jugendbewegung

Von einer Jugendbewegung kann man eigentlich erst im 20. Jahrhundert sprechen. Ihr Auftreten gehört zu den wesentlichen Ereignissen dieses Jahrhunderts. Hierbei ist zu verzeichnen, wie das zur Gruppenbildung führende Engagement junger Menschen im Erleben und Erleiden der Auseinandersetzung mit den Weltverhältnissen und den zukünftigen Aufgaben in zunächst ausgesprochen hilfreicher Form auftritt. Zog es die einen noch im Anfang des Jahrhunderts hinaus in die Natur, um dort die Kräfte aufzunehmen, die für die Initialerfahrung der Ideen im Erleben so nötig sind, so engagierten sich die anderen in von hohen philosophischen Idealen getragenen politischen Gruppen. Diese vielen verschiedenen Erscheinungsformen der Jugendbewegung traten jeweils in anderer Form etwa in einem 10-Jahres-Rhythmus auf. Verfolgt man dieses Auftreten, kann man erkennen, wie vor allem durch den Einschnitt der beiden großen Weltkriegsereignisse bedingt, aber auch durch die Manifestation der Vorstellungen der Erwachsenenwelt in den Formen des Lebens und der Erziehung, die der heranwachsenden Generation angeboten wurden, immer wieder Erschütterungen oder Ablenkungen der Jugendimpulse eintraten.

"Die Jugendlichen verschmähten materielle Güter keineswegs, nur wollten sie für deren Erlangung keinerlei Opfer bringen; sie nahmen willig, freilich auch ohne jede Dankbarkeit an, was man ihnen gab, lehnten es aber in neuentwickelter Selbstgenügsamkeit ab, sich durch Geschenke oder Versprechungen auch nur irgendwie beeinflussen oder bestechen zu lassen.

Triebverzicht, Disziplin und Unterwerfung schienen ihnen ein zu hoher Preis für das dadurch Erreichbare, denn so wichtig war ihnen das alles nicht. Sie wollten Tradition, Kultur und Zivilisation hinter sich lassen, aus der Gesellschaft abspringen und aufspringen, nicht aber sie reformieren oder gar revolutionieren. ... Privatismus ist die Religion der Jugendkultur. Alle Individuen seien einfach durch ihre Existenz völlig gerechtfertigt, einander gleich und gleichberechtigt. Bemühung, Verdienst, Leistung zählten nicht. Keine Autorität und keine Institution hätten das Recht, vom einzelnen irgendetwas zu erwarten, das er nicht im Augenblick gerade selbst wolle. Man läßt sich nichts vorschreiben, man will weder befehlen noch gehorchen, man will auch nicht nachdenken oder planen, nur den eigenen Gefühlen und Stimmungen, den Vibrationen nachgeben."[90] Diese Meinung erscheint als erzkonservativ und der Jugend gegenüber wenig einfühlsam, beschreibt aber, wie es um die Jugendbewegung der neunziger Jahre steht. Die Resignation erscheint als Schutz vor den Erwachsenen.

Ein besonderer Einschnitt in der Entwicklung – oder sagen wir besser: eine Irritation – der Jugendbewegung erfolgte in den sechziger und siebziger Jahren, also in einer Zeit, in der die Jugendlichen in besonderer Weise das durch das sogenannte Wirtschaftswunder bedingte Entwicklungshindernis erlebten. Es geschah die Ausbildung und zunehmende Expansion des sogenannten Mittelstandes. Ein – verglichen mit früheren Zeiten oder anderen Ländern – kaum überbietbarer Wohlstand wurde etabliert, der mit seiner Genußsucht alles erstickte, was an, freilich zuweilen unbequemen, Zukunftsintentionen mit den zu Idealen werdenden Ideen der Jugendbewegungen, den Mittelstand bedrohend, auftrat. Die ständig wachsende, hochtechnisierte, ökonomisch kompliziert sich differenzierende Industrie forderte mehr und mehr die Verbreiterung eines ehemals auf eine Minderheit beschränkten Bildungsstandards. Aus allen, also auch aus den vormals nicht akademischen Bevölkerungskreisen strebten Tausende an die Universitäten. Was eine volle Kraft zur unmittelbaren Gestaltung der sozialen Verhältnisse hätte entfalten können, wurde schlicht verschult. Die Jugendbewegung wurde intellektualisiert und damit die die Welten der Ideen, Ideale und sinnlichen Erlebnisse schützend umgreifende Erinnerung aufgebrochen. Es mußte zur Rebellion, zur Gewalttätigkeit gegen die als so lebensfeindlich empfundene Umwelt kommen.

Die Revolution ging aus der Resignation hervor! "Revolution ist die Resignation an der Gesellschaft. Da man keine Hoffnung mehr sieht, die Gesellschaft wirklich zu ändern, träumt man das große Umkrempeln. Zukünftig unterscheiden wir in 'Befreiung' (von Diktatoren, korrupten Regimen, Schweinen etc., was allemal ein nötiger legitimer Akt sein kann) und Revolution, die stets zu bitterer Enttäuschung führen muß, die man zwar wollen, aber auch mit aller Kraft verhindern muß."[91]

Für das, was aus einem spirituellen Menschenbild heraus als die Reminiszenz vorgeburtlicher Erfahrungen im Gewahrwerden der Ideen erscheint, prägte man den in erster Linie abwertend gemeinten Begriff der Utopie. Die Utopie ist das über die tatsächlichen Lebensverhältnisse erhabene Phantasiebild einer zukünftigen Wirklichkeit, immer verbunden oder unterlegt mit der Resignation, die dem Utopisten (dem verhinderten Idealisten) sagt: Es lohnt nicht, für Phantasiebilder zu leben. Dabei verbindet sich mit den Utopien ein eindeutiges Gefühl. "Die Utopie ist lebenswichtig, denn sie erzeugt eine Spannung zur Realität, die uns erlaubt, diese besser zu verstehen. Sie ist ein Spiegel, in dem wir sehen können, was vor sich geht."[92] Nun tritt im Sinne der Utopie in der Seele das Erleiden der "Enttäuschung" ein. Manch einer kann die sich so darstellende Welt nur in dem Sinne ergreifen, als daß er sie mit aller Kraft lebt, ja auslebt:

"Ich kann mir schwer vorstellen, daß man steinalt wird, wenn man aus unseren Kreisen kommt. Viele von uns haben auf Erholungsphasen verzichtet, die im Leben notwendig sind. Da waren der Alkoholismus und andere Drogen, viel Nikotin, ein Leben ohne Rücksicht auf den Körper. Unsere Mortalitätsrate ist hoch. Man könnte aber auch sagen: Diese Toten haben mehr erlebt in ihrem Leben, das nur 40 Jahre dauerte, als mancher gesunde Greis.

Früher dachte ich: Wenn man tot ist, ist man tot. Aber heute kommt mich wieder zuweilen ein Schauder an. Und am schlimmsten schaudert es mich bei dem Gedanken, daß es nicht zu Ende sein könnte. Ich war immer religiös, und ich glaube, wir waren es im Herzen alle: voller Glauben."[93]

Auffällig ist an solchen Selbstaussagen, daß das volle Engagement, mit dem man die Möglichkeiten des Lebens ergreift, und zwar dies bis an den Rand der Erschöpfung, wiederum an das Erlebnis der Enttäuschung, der Resignation gebunden ist. Und wie durch den Fokus ohnmächtiger Verzweiflung erscheint der spirituelle Hintergrund, der ein im Grunde religiöses Verhalten hervorbringt. Es ist der Glaube an die Utopie, der Glaube an das in den Tiefen des Unterbewußtseins wirksame Wandlungsbedürfnis, der den Idealismus auf verkehrte Bahnen lenkt. Die Sucht der Sinne tritt an die Stelle eines von Moralität getragenen Erfahrens der auf die Zukunft gerichteten Intentionen.

Was als äußerste Steigerung dieser auf Irrtum und Irritation gegründeten Lebensintention bleibt, ist das Wohlgefühl, das ein Autonomer erlebt, wenn die Schaufensterscheibe einer Bank durch den von ihm geworfenen Pflasterstein zu Bruch geht. Manch einer dieser Streetfighter randaliert aus Sehnsucht nach dem Wohlgefühl, das sich in ihm breitmacht, wenn er der Welt, die ihn an der wirklichen Erfahrung seiner selbst behindert, die Rechnung aufmacht, die er dann im Sinne seines Zerstörungswerkes begleicht. Die ganze in diese Richtung motivierte Gewalt läßt sich weniger als Verbrechen, denn als tragischer Ausdruck jugendlicher Resignation verstehen. Schließlich gehören in diese Richtung auch jene Steigerungen der Resignation, die die Gewaltbereitschaft der besten irregeleiteten Idealisten so weit steigern, daß sie zum geplanten und organisierten Verbrechen in der Lage sind. "In dem trotzigen Gesichtsausdruck Baaders drückte sich noch ungebrochen die Sehnsucht nach Rebellion aus. In der strengen und verläßlichen Miene der Pfarrerstochter Gudrun Ensslin lag zunächst etwas Wahrhaftiges, durch keinen Horror Zerstörtes."[94]

Der Einseitigkeit einer so kurzen Betrachtung zur Brutalisierung der Jugendbewegung bin ich mir wohl bewußt, allerdings beschränkt sich der Rahmen dieses Buches auf nur diese eine Seite der Erscheinung einer irritierten Jugendbewegung. Es ist in keinster Weise weniger fürchterlich, wenn der allergrößte Teil der jungen Generation in der Genußsucht und Konturlosigkeit einer bequemgewordenen Wohlstandsgesellschaft angepaßt versinkt. Das Pendel ist dann nur in die andere Richtung ausgeschlagen. Schwierig ist es, nun einen weiteren Schritt zu tun und an die Betrachtung der Bindungsfähigkeit oder -unfähigkeit dieser jungen Generation heranzutreten. Wenn im folgenden Unterkapitel ein kurzer Blick auf die Ehe getan werden soll, so geschieht dies als Versuch, an diesem Beispiel Exemplarisches über die Chancen und Krisen einer sozialen Gemeinschaft, die auf gegenseitige Verbindlichkeit gegründet ist, aufzuzeigen. Nur so und nicht anders wollen wir mit den in Frage kommenden Phänomenen umgehen.

## Ehe als Streitgemeinschaft

Ein wunderbares Gefühl der anteilnehmenden Freude überkommt die meisten, wenn sie in ihrem Freundes- oder Bekanntenkreis an einem Eheschluß teilhaben können. Meistens ist noch in ganzer Reinheit und Klarheit zu erleben, wie die gegenseitige Erfahrung der Liebe in besonderer Weise, nämlich von selbstverständlicher Verbindlichkeit getragen, gemeinschaftsbildend wirken kann. Eine solche Gemeinschaftsbildung ist natürlich immer ein Wagnis, denn es gibt wahrscheinlich so viele Ehebilder wie Menschen. Die Lebensform der Ehe greift tief in das Wesen der Menschen ein. Dabei bejahen die Ehepartner gegenseitig ihre in diesem Moment ganz unbekannte Zukunft. Sie sagen ja, nicht nur zu den von Freude, sondern auch zu den von Leid und Angst erfüllten Augenblicken des Lebens. Damit geben sie sich im Vollzug eines höchsten Freiheitsaktes eine hohe Bestimmung. Nehmen wir drei spezifisch menschliche transzendentale Bezüge heraus, die das Wesen dieser Bestimmung definieren.

Da ist zunächst die Erfahrung des eigenen Wesens, die durch Selbstreflexion nur unvollkommen zu leisten ist. Der allen Menschen eigene Trieb zur Gemeinschaft hängt damit zusammen, daß der Dialog mit dem Gegenüber letztendlich zur Selbsterkenntnis verhilft. Solange man mit den eigenen Hoffnungen, Sehnsüchten und eben auch den Utopien allein ist, können sich diese nicht bewähren, d.h. nicht am Widerstand Läuterung und Erkraftung finden. Die Liebe zum anderen Menschen kann so mit voller Berechtigung in dem latenten Gefühl der Verantwortung für die persönlichen Intentionen begründet sein. Die Partnerschaft in der Ehe kann unter diesem Aspekt dazu verhelfen, das Bewußtsein des Individuums in die persönliche Ideenwelt zu erheben.

Je mehr dieses erste Erlebnis ergriffen werden kann, desto eher entsteht sogleich die Hoffnung, das so Erlebte in die ganz praktischen Lebensverhältnisse umzusetzen. Dieses Idealwerden der Ideen ist vor allem im emotionalen Erleben des Menschen verankert, verursacht durch das klare Erlebnis der Ideen und gerichtet auf die daraus bedingte mögliche Wandlung der Lebensverhältnisse. Somit zielt die Leib- und Welthaftigkeit des Menschen auf Werte, die nur mit anderen gemeinsam erreicht werden können.

Alles, was im Leben getan werden kann, ist im vollen Sinne erst dann befriedigend, wenn es mit ganzer Hingabe erfolgt. Diese Hingabe ist zunächst der Ebene der sinnlichen, der stofflichen Realitäten und Weltwirklichkeiten zugeordnet. Wenn man will, kann man im Untersuchen der Eheintention auch an dieser Stelle ansetzen. Es ist dieser Bereich der erste, in dem sich die Partnerschaft einer Ehe realisiert. Andererseits ist es überhaupt nicht möglich, mit einem anderen Menschen tatsächlich das Leben und das Schicksal zu teilen, an dem man nicht mindestens einmal mit voller Kraft die Erscheinung der eigenen Idee vom idealen Lebenspartner erlebt hat. So gehören selbstverständlich diese drei Bezüge, die ja auch nur eine Auswahl darstellen, zusammen, insofern wiederum die drei Weltwirklichkeiten in Erscheinung treten, deren Gehaltensein durch die Erinnerung in besonderer Weise deutlich werden kann.

Da wir uns eine ausführliche Erörterung über das positive Wirken der Aggressionskraft im Menschenleben für den Schlußteil dieses Buches vorgenommen haben, dürfen wir nun auch kurz auf die mit Partnerschaft und Ehe verbundene klassische Form der Enttäuschung kurz eingehen.

Zu den einschneidendsten Krisen einer Ehe gehört, selbst nach der sogenannten sexuellen Befreiung, die in allen Altersgruppen und Bevölkerungsschichten übergreifend stattgefunden haben soll, immer noch der Ehebruch im Sinne der außerehelichen sexuellen Vereinigung. Was macht aber eigentlich einen Seitensprung zu einem ehetrennenden Vergehen? Vielleicht das Verletzen der Besitzverhältnisse des Partners (*mein* Mann, *meine* Frau) oder aber die Sünde wider eine religiös oder sonstwie weltanschauliche Moral? Weder noch: Trennend wirkt allein das aus Leid und Kummer geborene Unverständnis des Problems.

Bevor es zum Seitensprung kommt, hat der daran beteiligte Ehepartner sein Bild der Frau oder des Mannes verloren, das ihm an seinem Ehepartner als Grund für eine intentional lebenslange Beziehung erschien. So ein Bild ist kein entwicklungsfeindliches Hemmnis einer in Kindheitszeiten konditionierten Seele, sondern ein kostbares Gut des Menschen. Wir haben in den letzten Jahren vorschnell diesen spirituellen Kraftquell einer sich modern gebenden Psychologie geopfert. Sigmund Freud zementierte mit seiner analytischen Seelenkunde nur den Fortschritt der Seele, der im Widerspruch, im Erleiden der Lebenserfahrung errungen werden kann.

In der Eheberatung wird man zunächst vor allem den/die "Ehebrecher/in" ermutigen, sein Bild vom Mann oder der Frau zu reaktivieren, das seinem/ihrem Ja zum Ehepartner einst zugrunde lag. Dazu bedarf es des Mutes, im Täter das Opfer sehen zu lernen, das wahrhaftig der engagierten Zuwendung bedarf.

Auf keinen Fall sollte die Tragik einer Scheidung relativiert werden, indem etwa unbeteiligte Dritte sich aufgerufen fühlten, wahrheitswidrig zu behaupten, daß kein anderer Mann oder keine andere Frau "im Spiel" sei. Einem solchen selbsternannten Anwalt der "guten Sache" – der sich mittelbar zum Richter aufschwingt – ist es offenbar nur darum zu tun, seinen eigenen Vorstoß in die Intimitäten einer Menschenseele unrechtmäßig und am Kern des Problems vorbei der Öffentlichkeit preiszugeben. Damit ist niemandem geholfen. Eventuelles Gerede hört nicht auf, die Leidenden finden keinen Trost. Allenfalls wird eine religiöse Pseudomoral zementiert, die der

Erkenntnis Grenzen setzt und die sich wieder regt, da die sexuelle Befreiung einer ebenso fragwürdigen Sehnsucht nach "festen" Beziehungen gewichen ist.

So wenig die "Befreiung" sich allein auf das Sexuelle einer Partnerschaft beziehen darf, ermöglicht die "Festigkeit" Entwicklung, wenn sie nicht aus einem dauernd engagierten Ringen, sondern allein aus Erwartungen entspringt. Was Not tut, ist der Mut, am einmal erlebten Ideal auch tatsächlich festzuhalten. Dieses freilich erfordert heutzutage sicherlich mehr Kraft und Bewußtsein als noch vor hundert Jahren.

Obwohl scheinbar absurd, kann die Intention, die zur Begründung einer ehelichen Partnerschaft führt, als die Sehnsucht nach Widerstand, vielleicht sogar nach Streit, definiert werden. Dabei ist es in keiner anderen vergleichbaren Lebenssituation so deutlich wie in der ehelichen Partnerschaft, wie heilsam der Widerstand und der Streit wirken können, insofern die individuellen Ideen und Ideale unter der Herausforderung der Treue eine Läuterung erfahren. Es kommt aber auch hier darauf an, die Freiheit, die Würde und die Mündigkeit des Mitmenschen in vollem Sinne zu achten.

## Organisation und Interaktion

Einen wesentlichen Teil unserer Lebenserfahrungen machen wir in einem Bereich, den wir so ohne weiteres im Zusammenhang mit Erörterungen über das Auftreten und die Wirksamkeit von Gewalt nicht vermuten würden. Und doch machen wir gerade in diesem Lebensbereich klassische Erfahrungen mit der, manche Formen von Gewalt hervorbringenden, aggressiven Kraft des Menschen. Gemeint ist die Arbeitswelt.

Spätestens mit der industriellen Revolution und der daraus hervorgehenden Gründung von großen Betrieben wurde es nötig, die in eine immer feiner sich differenzierende Teilfertigung eingegangene Arbeit zu organisieren. Daraus entstand das älteste und zugleich auch primitivste Leitbild, das auf das soziale Leben in aller Schlichtheit überträgt, was auf dem Gebiet der Naturgesetze selbstverständliche Gültigkeit hat: das Prinzip der Kausalität. Das Ausmaß der Kraft, die eine einzelne Persönlichkeit zur Organisation der Arbeitswelt in diese investiert, wird entscheidend für das Ausmaß der Wirkung im Sinne der Produktivität sein.

Ein Mensch, der in erster Linie so Kraft in die Organisation eines Arbeitszusammenhanges investiert, wird Unternehmer genannt. Er gilt im Sinne dieses Leitbildes als derjenige, der impulsiert, der vorangeht, der in erster

Linie mit der Wirksamkeit von Ideen zu tun hat, ja diese Wirksamkeit als Person sogar verkörpert.

Damit wird das alte, pyramidale ägyptische Organisationsmodell, Jahrtausende nach seiner Zeit, als Folge der Industrialisierung in der Arbeitswelt reaktiviert. In der bürokratischen Organisationsform bilden sich die Führungsebenen und Arbeitszusammenhänge dem Prinzip der Verdoppelung folgend. Nach dem Unternehmer folgen zwei Untergeordnete, denen wiederum vier folgen, jenen acht usw. Es ist erstaunlich, daß einerseits die Kompetenz eines Unternehmers aus seiner Verbindung mit der Sphäre lebenswirksamer Ideen abgeleitet wird und daß andererseits das Prinzip bürokratischer Organisation nur dann erfolgreich angewendet werden kann, wenn man das Prinzip systematischer Teilung dessen, was eigentlich immer zu einem *Individuum* (Unteilbaren) gehört, berücksichtigt. Die Gefahr der Atomisierung einer Menschengemeinschaft tritt auf.

Dem kann nur entgegengewirkt werden, wenn der an sich förderlichen Wirksamkeit der Ideen mit vollem Bewußtsein als Wirkensprinzip der *Widerstand* hinzugesellt wird. Dabei ist auch die Wirkensrichtung dieser Widerstandskraft pyramidal von oben nach unten, d.h. vom einzelnen in die Gemeinschaft, sorgfältig über alle Hierarchiestufen hinweg wirksam zu denken.

Es konnte natürlich gar nicht ausbleiben, daß einer so vereinseitigt wirksamen Kraft nicht die Gegenkraft, d.h. der Widerstand, nun von der Basis der Pyramide ausgehend, entgegengesetzt wird. Damit kommt es zur Konfrontation der Unternehmer mit der Arbeiterschaft, die sich bis heute im wesentlichen erhalten hat. Jeder, der in ein so gegliedertes Gefüge von zusammenarbeitenden Menschen eintritt, wird in dieses Spiel der Kräfte eingebunden, ob er will oder nicht. Wiederum ist eigentlich eine sogenannte Enttäuschung wirksam, insofern eine gute Idee für sich genommen offenbar in einer pyramidal organisierten Gemeinschaft allein nicht die Kraft hat, sich zu behaupten.

Dem entgegen stehen neue Organisationsansätze, die vor allem das Feld der Interaktion betonen. Es kommt in solchen Organisationen weniger darauf an, daß die vom Vorgesetzten gegebene Entscheidung auch wirklich umgesetzt wird – was de facto unerläßlich, selbstverständlich ist –, sondern darauf, wie diese Entscheidung zustande kommt, vermittelt und aufgenommen wird. Die Hierarchie begreift sich in solchen Organisationen mehr als ordnende Kraft, die zusammenhält, vermittelt und den einzelnen in der Gemeinschaft erkraftet und bestärkt. Besonders im Bereich alternativer Wirtschaftsunternehmen sind solche Ansätze, die unter dem Stichwort "Human relation" zusammenzufassen sind, entwickelt, erprobt und angewandt worden.

Selbstverständlich bringt auch das Probleme mit sich, denn je mehr eine im bürokratischen Sinne äußere Hierarchie abgebaut wird, desto mehr bildet sich eine informelle Hierarchie, die viel schwerer zu durchschauen und viel schwerer zu lenken ist. Krisen und Konflikte treten weitaus unberechenbarer auf und sind sicherlich auch schwieriger zu lenken und zu leiten, wobei jeder Versuch, eine Auseinandersetzung kraft hierarchischer Macht zu beenden, im wesentlichen auch nur die vom vermeintlichen Zweck her legitimierte Anwendung von Gewalt bedeuten würde.

Ohne dem einen oder anderen Ansatz lobreden zu wollen, ist es wesentlich, in aller Kürze auf sie hingewiesen zu haben, um zu verdeutlichen, daß selbst so extrem verschiedene Ansätze, jeweils für sich genommen, letztlich unbrauchbar sind, solange nicht ein jedes Mitglied eines sozialen Organismus sich in seiner in der individuellen Freiheit gegründeten Rolle begreift. Ein jeder Mensch ist Ideenträger, und die mögliche Fortschrittlichkeit der Intentionen eines Menschen ist von allem anderen, nur nicht von der Intelligenz abhängig.

## Die eigene Entwicklung am anderen

Durch die dem Aspekt der Gewalt im sozialen Leben zugeordneten fünf Unterkapitel sollte deutlich werden, daß die Individualentwicklung immer am Gegenüber, am Mitmenschen geschieht. Nichts ist so wesentlich für die Entwicklung, und zwar in leiblich-seelischer und geistiger Hinsicht, wie der Entwicklungswiderstand. Biologisch gesprochen könnte man sich die Frage vorlegen, wie eigentlich, wenn nicht von Gott gewollt, kam die Schlange ins Paradies? Im Zusammenhang mit unserer Problemstellung haben wir uns in diesem Sinne nun von verschiedenen Seiten her damit beschäftigt, daß der zerstörerischen Gewalt die Aggression zugrunde liegt, die, richtig plaziert, eine lebensnotwendige Kraft darstellt, für deren Erkenntnis wir an den Gegenbildern erwachen können. Allerdings wird viel davon abhängen, inwiefern eine solche Erkenntnis nicht nur ansatzweise möglich wird, sondern auch dargestellt und vermittelt werden kann, denn ein jeder Mensch ist mit derselben Gefahr konfrontiert, die mit der Irreleitung der Aggression zu tun hat und ihn zu der Erkenntnis führen kann, daß auch er, ganz abhängig von den Schicksalsumständen, ein potentieller Gewalttäter ist.

# Formen der Gewalt im Umgang mit sich selbst

## Die Triebnatur

Das bisher Gesagte können wir auf die einleitend positive Feststellung zusammenziehen, daß die dem Menschen eigene Freiheit die Gunst bedingt, zunächst unbewußte Triebe zu läutern und zu wandeln und so zu bewußt einsetzbaren Kräften zu gelangen. Motto: "Ein junger Mensch gab dem Rabbiner einen Bittzettel, darauf stand: Gott möge ihm beistehen, damit es ihm gelinge, die bösen Triebe zu brechen. Der Rabbi sah ihn lachend an: 'Triebe willst du brechen, Rücken und Lenden wirst du brechen, aber bete, lerne, arbeite im Ernst, dann wird das Böse an deinen Trieben von selbst verschwinden." Dieses Wort von Martin Buber weist in die angedeutete Richtung, die zugleich ein hoher Auftrag ist und eine Art Leitmotiv über jedem Leben sein kann. Es ist großartig – so könnte man sagen –, daß der Ton, der uns mitgegeben ist, zunächst als reiner Rohstoff zur Verfügung steht und noch nicht zu Gefäßen oder Plastiken geformt ist. Um aber die Rohstoffe formen zu können, müssen wir das entsprechende Handwerk erlernen, das in diesem Sinne die Kunst des Liebens und also die des Lebens ist.

Zu wenig erfreulichen Resultaten führt die Betrachtung, wie es um die Pflege und Übung lauterer Liebekräfte in unserer Zeit bestellt ist. Dabei ist auffallend, wie sehr zwei zusammengehörige Erlebnisformen bis hin zu einer gefährlichen Spannung voneinander entfernt erscheinen: die Lust und die Liebe. "Eine lustlose Liebe kann man sich gar nicht denken, aber umgekehrt gibt es durchaus lieblose Lust. Diese nennen wir Begehren. Man schätzt natürlich, was man begehrt, aber 'liebt' es doch nicht. Begehre ich einen schönen neuen Anzug, liebe ich ihn selbstverständlich nicht um seinetwillen, sondern um meinetwillen, daß er mich gut kleide, sondern begehre ihn, um ihn zu besitzen."[95] Die lieblose Lust, also das Begehren, ist wiederum ein stark wirksamer Motivationsfaktor für Gewalt. Man kann in diesem Zusammenhang – das belegen zahlreiche Fallbeispiele – den Eindruck haben, daß das an sich ungefährliche Phänomen des Begehrens, was selbstverständlich toleriert wird und zum Leben gehört, in seiner Steigerung, dem bewußten Zugriff des Menschen enthoben, zu dem wird, was als vollständig unmoralischer Haß erscheint.

Hier spielt eine wesentliche Rolle, was als unbewußte, also unter die Grenzen der Erinnerung versunkene Lebenserfahrung erscheint. So können entsprechende frühkindliche Erfahrungen die Beziehungen eines Menschen zum anderen Geschlecht nachhaltig beeinflussen, wobei zunächst nur das gestörte Verhältnis oder das als abnorm erscheinende Bedürfnis für das Bewußtsein erscheint, nicht aber ihre Ursachen. Mühsame und qualvolle Prozesse sind es meistens, die ein Mensch zu ertragen hat, bis sich aus seinem Unterbewußtsein der eigentliche Grund für seine Probleme löst und für das Bewußtsein erfahrbar wird.

Stark wirksame, aber verschüttete Erlebnisse können das Handeln eines Menschen prägen und beeinflussen und sogar soweit führen, daß sich eine Art zweite Natur neben der ersten aufbaut. Ein solcher Fall ist der eines Mannes, der im Berufsleben etabliert und erfolgreich war, als ein treusorgender Ehemann und Familienvater galt, den aber gleichzeitig eine zunächst nicht greifbare Macht zum Massenmörder machte. Es ist dies der Fall des Sylvester Matuska, der in den dreißiger Jahren unseres Jahrhunderts für Aufsehen sorgte und der dem damit vor allem befaßten Kriminalbeamten für so kompliziert erschien, daß er seine eigentliche Entschlüsselung späteren Zeiten anvertraute: "Mögen andere moderne Psychologen das Rätsel der Persönlichkeitsspaltung dieses Massenmörders zu ergründen suchen, was während der Gerichtsverhandlung den Gerichtspsychiatern nie gelang. Für mich, den Kriminalisten, ist der Attentäter immer das gleiche geblieben, was er von allem Anfang an war: das Mysterium Sylvester Matuska."[96]

Seine Verbrechen bestanden darin, daß er durch Attentate Eisenbahnzüge entgleisen ließ, wodurch zahlreiche Menschen den Tod fanden. In den Vernehmungen wies Matuska immer wieder darauf hin, daß er von Dämonen geführt würde, die sich bald "Fischer", bald "Leo" nennen würden. Dieses erklärte er damit, daß der Fischer die gefangenen Geschöpfe aufs Trockene setzt und damit dem Verderben preisgibt, der Löwe aber seine Opfer gierig anspringt und zerreißt. Tatsache ist, daß ihm zahlreiche Morde nachgewiesen werden konnten, die mit besonderer Grausamkeit begangen wurden und sich vor allem gegen einen ganz bestimmten Typ, nämlich Frauen mit schwarzen Haaren, richteten. Die Vernehmungen des Verbrechers gestalteten sich als eine solche Herausforderung, daß selbst hartgesottene Kriminalbeamten an ihre Grenzen der Faßbarkeit kamen. "Nun kam in alle Details Klarheit ..., aber nicht in das Motiv der Tat. Dieses begann erst durchzuscheinen, als M. den Anschlag von Bia Torbagy schilderte und dabei auf die Todeskämpfe der sterbenden Frauen zu sprechen kam. Dabei verfiel er in grauenhafte Zuckungen und der Geifer lief ihm vom Munde. Nun erkannte ich eine ganz grauenhafte Sexualdämonie. Ich konnte nur mit tatkräftigster

Hilfe des Kriminalbeamten, Inspektor Pittner, dieses furchtbare Verhör durchstehen, da ich vor Aufregung selbst zusammenzubrechen drohte ..."[97]

Bei weiterer Untersuchung des Täters wurde deutlich, daß ganz bestimmte biographische Vorerfahrungen eine Art unbewußten Zwang ausgelöst haben, so zum Beispiel die Tatsache, daß der Täter im Krieg als Oberleutnant in einem Truppenteil tätig war, der Sabotageakte ausführte, zu denen auch Eisenbahnattentate zur Störung der Verbindungswege gehörten. Man kann sich vorstellen, daß die furchtbaren Kriegserlebnisse die Seele dieses Menschen derartig übersensibilisiert haben, daß der Zwang zur Gewalt in ihm ebenso wirksam im Unterbewußtsein verankert wurde, wie in einem anderen Fall eines mehrfachen Brandstifters, dem im Krieg im Zuge der Doktrin von der "verbrannten Erde" aufgetragen wurde, beim Rückzug alle am Wege liegenden Häuser in Brand zu stecken. Auch dieser Täter hatte kein moralisches Bewußtsein von seinen Taten.

Zahlreiche Gewaltverbrecher haben eine solche Prägung ihres Seelenlebens erlitten, die im Zusammenhang längerer klärender Gesprächsreihen aufgedeckt werden kann. So gibt es den Bericht eines jungen Doppelmörders, der in der Gefängniszelle die Leidensstationen seines Lebens beschreibt und dem Leser so verdeutlicht, daß die Erfahrung emotionaler Ablehnung durch die Eltern, Freunde und Verwandten, das Erduldenmüssen tätlicher Gewalt geradewegs zur Tat des Doppelmordes führten. Auch dieser junge Mensch wurde in solche biographischen Tragödien verstrickt, daß ihm die Fähigkeit genommen wurde, seinen der Möglichkeit nach zum Guten veranlagten Aggressionstrieb in vernünftiger Weise zu handhaben, auszubilden und zu formen. Der Titel seiner Aufzeichnungen ist schon bezeichnend genug: "Ich wollte Liebe und lernte hassen".[98]

Die zum Beispiel auf solche Weise geschaffene Veranlagung eines Menschen zur Gewalt kann durch eine Affekthandlung ausgelöst werden (lateinisch: affectus = angetan sein). Dabei sind es oft ganz nichtige Anlässe, die unverhältnismäßig starke Reaktionen hervorrufen. Das Klingeln an der Tür im falschen Augenblick kann einen Wutanfall auslösen, der geradezu zerstörerische Folgen hat. Darüber hinaus darf man nicht unterschätzen, wie sehr in leichtfertiger Weise durch verschiedenste Medien ganz legal die Ausübung von Gewalt mit einer heroischen Diktion vorgeführt wird. Der Gewalttäter erscheint als Held, die Dramaturgie eines entsprechenden Filmes führt den Zuschauer in eine Identifikation mit dem Täter, die so tief in Unterbewußtsein hineinragt, daß sie im entscheidenden Moment für entsprechend labile Menschen zur Triebfeder der Gewalt wird. Ein 16jähriger Jugendlicher ermordete auf fürchterliche Weise eine Ladenbesitzerin, um an ihr Geld zu gelangen, weil er durch den entsprechenden Kinofilm beeindruckt, enthemmt, eigentlich müßte man sagen: in dämonischer Weise geführt wurde. Es ist ein bemerkenswertes Phänomen, daß um diese Gefahren gewußt wird, sie aber, statt eingedämmt und verhindert zu werden, in rasanter Geschwindigkeit mit immer perfideren Methoden noch ihre Verstärkung erfahren.

Manche Betätigungsmöglichkeiten führen zu einer Gewöhnung an Gewalt und Überblendung jeglicher Schuldgefühle als Auswirkung der Freizeitbeschäftigung. Moderne Spielautomaten machen an sich friedfertige Kinder und Jugendliche zu Jetpiloten, die, nach Punkten heischend, "feindliche Ziele angreifen". Die Gefahr solcher "Spiele" darf keinesfalls unterschätzt werden, da sie zum einen den Nährboden zu dem so üblich gewordenen Kokettieren mit der Gewalt bereiten, zum anderen auch die Verdrängung von Schuldgefühlen erleichtern. "Subjekt der Aggression ist der Apparat, nicht das Individuum, das ihn nur bedient."[99] Es nützt gar nichts, ohne die entsprechenden Konsequenzen zu ergreifen, über die Gewöhnung an Gewalt und die Vernichtung von Schuldgefühlen in der NS-Zeit nachzudenken, wenn man nicht im Angesicht der heutigen "Spielangebote" mit aller Deutlichkeit die Gefahren beim Namen nennt und bekämpft. Damals war es möglich, daß äußerlich sorgende und unbescholtene Familienväter in "Erfüllung ihrer beruflichen Pflichten" furchtbarste Verbrechen begingen. Sage niemand, daß dies heutzutage und in Zukunft unmöglich wäre! Zahllose Beispiele belegen das Gegenteil, ja lassen vermuten, daß selbst die Grauen der damaligen Zeit der Möglichkeit nach in Zukunft noch überbietbar wären.

Es ist eine jedem Menschen eigene Triebnatur, die entweder zur Liebe oder zum Haß führen kann, je nachdem, wie sich das Verhältnis eines Menschen zu Macht bzw. Ohnmacht definiert. Von diesem Problem in der Beziehung zu Formen der Gewalt im Umgang mit sich selbst soll in den folgenden zwei Unterkapiteln noch kurz die Rede sein.

## Macht

Es kommt immer wieder vor, daß in sogenannten normalen stabilen gesellschaftlichen Verhältnissen Formen zerstörerischer Gewalt das Zusammenleben der Menschen erschüttern. Besonders in Ehekonflikten ist dies häufig mit einer krankhaften Dominanz bzw. Abhängigkeit unter den Partnern verbunden. Typisch ist dabei das Bild vom kleinen Büroangestellten, der den ganzen Tag über den Druck seines Vorgesetzten erleidet, den er dann schließlich nach Feierabend im häuslichen Milieu, in unter Umständen viel stärkerem Maße, ausübt. Der schüchterne Masochist in der Arbeitswelt wird zum unnachgiebigen, herrschsüchtigen Sadisten in der eigenen Familie. Leider ist dies nicht nur eine vom Volksmund geschaffene Karikatur, sondern immer wiederkehrende traurige Wirklichkeit.

Etwas verkürzt könnte man den Eindruck haben, daß die erlittene Schmach einfach aus dem Grund, sie von sich zu schaffen, weitergeleitet wird. *Ausgeübte* Gewalt erschiene so unmittelbar als ein Ventil für die *erlittene* Gewalt. Für das Leiden, um im Beispiel zu bleiben, des in der Arbeitswelt Unterdrückten kommt weiterhin noch zum Tragen, daß nicht nur der kränkende Vorwurf schmerzt, sondern sich sofort auch die Stimme des Gewissens regt, die dem Leidenden ein möglicherweise unberechtigtes, aber darum nicht weniger wirksames Schuldgefühl eingibt. So stehen nebeneinander das Erleiden eines als zu Unrecht ergangenen Vorwurfes und die unsichere Empfindung, daß der Tadel zu Recht erfolgt sein könnte. Diese beiden Erfahrungsquellen zusammen führen in der Seele zu solchen Erschütterungen, daß die ganze Last peinlicher und unangenehmer Empfindungen zu schwer wiegt, als daß sie vom Bewußtsein unmittelbar geordnet, geklärt und entkräftet werden könnten. So ist es leichter, dem inneren Schmerz einen wiederum zweifachen äußeren Schmerz entgegenzusetzen. Zum einen den, den man einem anderen Menschen zufügt, dann aber auch jenen, der mit der Reue über eine solche Tat verbunden ist. Man kann sich denken, daß sich in der Polarität dieser jeweils zweifachen Kräfte ein auf Vernunft gegründetes Ich nicht halten kann. Es ist außerordentlich schwierig, diese Situation aufzulösen und zu verändern, da das Ich des Menschen eingeklemmt und damit zu jeder therapeutisch notwendig gebotenen Selbsterkenntnis nicht in der Lage ist.

Ein solches eingeklemmtes Seelenleben kann wiederum die Grundlage zu fürchterlichen Verbrechen abgeben. Ich habe den Eindruck, als läge hier schon ein Schlüssel dafür, das Phänomen der umgreifenden Bandenkriminalität unter Jugendlichen zu verstehen. Da sind es die Skinheads, die den Punks den Krieg erklärt haben, wobei es nur um eine an sich banale Identifikation von Jugendlichen mit einem jeweils unterschiedlichen Scheinideal geht, die Gewalt äußersten Ausmaßes auslöst. Da sind es Schlägertrupps, die mit erschreckender Kälte dem immer noch gern gesehenen Gewaltfilm "Uhrwerk Orange" huldigen und wehrlose schwache Menschen überfallen, um sie brutal zusammenzuschlagen. In einer nordrhein-westfälischen Groß-stadt wurden ein ganzes Kino während der Vorführung des Filmes zerstört und mehrere Besucher zum Teil schwer verletzt.

Man kann all diese Phänomene mit dem Begriff *Macht* fokussieren, indem als ein die Täter verbindendes Element die Enttäuschung über die persönliche Einflußlosigkeit auf das Leben erscheint. Erinnern wir uns: Es ist einem jeden Menschen die Sehnsucht zu eigen, die Weltverhältnisse aus eigenem Willen wandelnd gestalten zu können. Kann diese Sehnsucht keine Befriedigung finden, die immer primär durch die Anerkenntnis eines Gegenübers vermittelt wird, muß sich die ganze angestaute seelische Potenz im Sinne einer Selbstbefriedigung durch Macht in Gewalt entladen.

## Ohnmacht

Eine der Begriffsbildungen der Freudschen psychoanalytischen Trieblehre ist die des *Todestriebes*. Damit gemeint ist eine im menschlichen Organismus angelegte Selbstzerstörungstendenz, wobei der Triebbegriff so definiert wird, daß damit eine konstitutiv wirksame Kraft, die aus einem Bereich zwischen dem Seelischen und Somatischen hervorgeht, gemeint ist. Also eine psychische Repräsentanz von Reizen, die im Freudschen Sinne dank ihres körperlichen Ursprungs nach Befriedigung drängen. Wenn wir auch den Begriff des Triebes in unserer Schrift eingeführt haben und weiter benutzen wollen, so meinen wir doch, uns der Freudschen Definition nur bedingt anschließen zu können, insofern mit *Trieb* in unserem Sinne *mehr* gemeint ist als eine zwischen dem Seelischen und Somatischen urständende Kraft. Gemeint ist vielmehr das Bewußtsein des Menschen von seiner eigentlichen geistigen Wesenheit und Herkunft, insofern es, das Leiblich-Seelisch-Geistige umgreifend, als eine Art Spiegelung an den im Seelischen urständenden Bedürfnissen erscheint. Insofern ist – wenn man sie so nennen will – die Sprache der Triebe präziser zu hinterfragen. Mit Sicherheit gibt es diese Erscheinungsform des Aggressionstriebes im Menschen, die nach Selbstzerstörung drängt. Nun ist dies eine Kraft, die besonders in den Vorgängen der Sinneswahrnehmung und in denen der Bewußtseinsaktivität als positiv wirksam gelten muß. Nur insoweit sie durch die ja schon charakterisierten Umstände in ihrer Wirkensrichtung irritiert erscheint, wird sie zu einer negativ wirkenden Potenz. Somit muß es auch als eine Verengung der Psychoanalyse gelten, wenn der Todestrieb als ursprünglich gegen den eigenen Organismus selbst gerichtet definiert wird und es auf eine libidinöse

Beimischung zurückgeführt wird, daß er als auf ein äußeres Subjekt abgelenkt erscheint.

In der Psychoanalyse ist diese Todestriebhypothese Freuds nicht unumstritten, insofern – was unserer Ansicht nahekommt – Aggression als wichtiges Element der Zentrierung erscheint.[100] Die im Bewußtsein eines jeden klare Sicherheit des Lebensendes im Tod begründet ein emotional höchst wirksames Vorempfinden des eigenen Sterbens, was gleichsam als Kolorit des Aggressionstriebes erscheint: Der Vorgang der Wandlung, der durch das Leben – ob bewußt oder unbewußt – dauernd geschieht, wird eines Tages das tätige Wesen selbst erfassen. Anders ausgedrückt kann das Wesen der Tathandlungen als mit dem eigenen Sterben verwandt und somit als Übung dieses oft verdrängten, gefürchteten oder mystifizierten Vorganges angesehen werden.

Es gehört also zum tätigen Verbundensein mit dem Leben gleichsam existentiell hinzu, daß das allgemein latente Bewußtsein von der Lebensrichtung auf den eigentlichen Wandlungstod hin wieder zur Erfahrung, zur Erkenntnis werden kann. Dabei kommt es ganz auf die Ursachen und Gelegenheiten solcher Erfahrungen an, inwieweit sie das Existenz- und Liebempfinden eines Menschen in sinnvoller oder gefährlicher Weise manipulieren. Der Todes-, oder wie wir besser sagen könnten, der Aggressionstrieb enthält also grundsätzlich eine nichtdestruktive Tendenz, während die Zerstörungstendenz (auch die Neigung zum Suizid) aufgrund von Erlebnissen, besonders durch Frustrationen erworben ist.[101] An dieser Stelle ist es berechtigt, Formen der Gewalt im Umgang mit sich selbst auch im Blick auf die Erfahrung der Ohnmacht zu untersuchen. Welche Formen von Gewalt gehen aus diesem auf Resignation begründeten seelischen Erlebnis hervor?

Da wir auf die Problematik der "Jugendaggression" schon eingegangen sind, wollen wir noch einmal an der Stelle anknüpfen, wo die Auseinandersetzung des Jugendlichen mit den Weltverhältnissen, die seinen Intentionen widersprechen, in die Erfahrung der Ohnmacht münden. Insofern Jugendliche in unserer Zeit eine auf scheinbar ganz entlegene Weltverhältnisse ausgreifende persönliche Verantwortung erleben können, blicken wir auf die, allerdings zunächst auf das Jugendalter beschränkte Erfahrung eines Kollektivschicksals. Nicht nur im Sinne einer inzwischen interkontinentalen Kommunikation und nicht nur im Sinne einer global unbegrenzbaren Beeinflussung der Lebensräume – durch die Umweltverschmutzung zum Beispiel –, auch in bezug auf übergreifende Anforderungen, die als "Ausgleich" im stofflich-realen, aber auch spirituellen Sinne jene gemeinsam geschaffenen

"Altlasten" verwandeln, gilt dieses Jugendempfinden exemplarisch. An einer Stelle des Menschheitsbewußtseins wird der sonst latente Tatbestand deutlich.

Es fragt sich natürlich auch, warum diese Einsicht gerade für das Jugendbewußtsein verfügbar wird. Und es fragt sich, warum es eines besonderen Kraftaufwandes bedarf, um nicht im Erwachsenwerden aus dieser Erkenntnis in von Bürgerlichkeit gesättigten Schlaf zu verfallen. Darauf zu antworten, bedürfte es ausführlicher Darstellungen. Für uns mag der in Frageform festgestellte Tatbestand allein genügen, um das Vorhandensein einer kollektiven Verantwortung auch als spirituelles Problem zu erkennen und um deren Erfahrung bemüht zu sein. Selbstverständlich stellt sich hier das Problem, daß die im Übergang von der Jugend ins Erwachsenenalter zunehmende Lebenserfahrung wiederum in sich die Gefahren der Resignation birgt: Wie soll man als einzelner die großen globalen Erschütterungen der Welt beeinflussen können? So eine Frage ist, wird sie vom Erwachsenen gestellt, meistens schon eine Art Rechtfertigung der eigenen Untätigkeit. Jugendliche dringen zu dieser Frage aus ihrem emotionalen Erfahren der Weltverantwortung gar nicht vor. Sie handeln unüberlegt, aber darum im Ansatz nicht sinnlos, wenn man dem Empfinden eine dem Denken gleichberechtigte Erkenntnisqualität zuspricht. Und gerade dies ist wohl die entscheidende Aufgabe für den Erwachsenen, eine zuweilen jugendliche Naivität nicht fortzuschreiben, sondern das "Gefühl für Wahrheit"[102] zur Erkenntnisqualität zu steigern.

Es wird weiterhin, aus einer solchen Erfahrung hervorgehend, neben dem Aggressionstrieb ein zweiter erlebbar, der, mitunter von kraftvoller Sehnsucht begleitet, zu einem Ausgleich für die "Schulden der Welt" strebt. Ist es zum einen von hohem Wert, die Ursachen für eine Dämonisierung des Aggressionstriebes zu erkennen, wird zum anderen die Gewaltfrage nur dann lösbar sein, wenn wir Erkenntnisse darüber erlangen, wie die Kraft zu gemeinsamer Verantwortung über die Jugendjahre hinaus für eine ganze Biographie erhalten und in den Dienst an der Gemeinschaft gestellt werden kann. Ein solches Verantwortungsgefühl bricht einer neuen, in ihrem Wesen spirituellen Erkenntnis Bahn. Für ihr Zustandekommen ist es nötig, noch auf eine besondere Anforderung aufmerksam zu sein.

Im Grunde genommen handelt es sich um eine profane Aussage: Als einzelner kann man manches, aber nie *alles* wissen. Will ich einen Tisch bauen, kann ich alles dazu Nötige wissen, aber noch nicht, ob mir mein Werk gelingen wird. Aber mindestens dieser Aspekt unter vielen anderen müßte noch hinzutreten, um ein vervollständigtes Wissen zu erhalten. Das "Alles-wissen-Wollen" ist nur eine Illusion, die auf der zeitlichen Beschränkung der Erkenntnis der Gegenwart beruht. Es ist besonders interessant, daß der Pakt, den der in der Goetheschen Tragödie verewigte Erkenntnissucher Faust mit dem Bösen schließt, mit der Bedingung verknüpft wird, daß eine in der charakterisierten Hinsicht klassische Aussage zum endgültigen Verfall der Seele an das Böse führt: "Werd' ich zum Augenblicke sagen: Verweile doch! Du bist so schön! ..." Also die Ewigkeit gegen den Augenblick einzutauschen und sich der Illusion hinzugeben, mit seinem auf die Gegenwart allein beschränkten Wissen das ganze All umfassen zu wollen, verbindet die Seele mit den in der Welt ausschließlich destruktiv wirkenden Kräften.

Wo aber die Spannung zwischen dem Erkenntnisdrang und der Einsicht in die gegebenen Grenzen auftritt, wird als eine tragende, die Spannung überbrückende Kraft die Liebe zur Sache hilfreich sein. Es ist hier auffällig, wie in unserer Zeit, in der das Primat der Allwissenheit festgeschrieben erscheint, besonders für Jugendliche die Liebe zur Sache bzw. das Vertrauen zu den eigenen Fähigkeiten erschüttert wird. Da wird die ganz reine Begeisterung eines Jugendlichen immer wieder aufgerieben, weil die Erwachsenenwelt die Reife – das heißt das Wissen – über die Begeisterung stellt. Es bleibt der Erfahrung und dem Vertrauen des Lesers überlassen, inwieweit es nicht auch denkbar ist, daß Begeisterung Reife ersetzen kann.

Die mit der aufgezeigten Situation verbundenen tragischen Schicksalsverläufe brauchen wir hier nicht noch einmal wiederholen. Oft erscheint das Ich eines Menschen durch die in Resignation mündende Lebenserfahrung wie herausgehoben. Man könnte geradezu von einer zeitbedingten Luxation des Ich sprechen. Verlorengegangen ist spätestens dann der Gefühlsnachklang von den vorgeburtlichen Erlebnissen, mit denen einem jeden Menschen sein Leben vor-gestellt wurde und mit denen sich die alles umgreifende Lebensbejahung verbunden hat. Aus dieser Vor-Stellung wurde ja einst der Plan eines Erdenlebens. So könnte man – ein spirituelles Menschenbild vorausgesetzt – im therapeutischen Bemühen um einen Menschen versuchen, an diese existentielle Lebensbejahung wiederum anzuknüpfen. Der therapeutische Vorgang ist dem des Einrenkens eines Knochens in sein Gelenk vergleichbar. Hierbei muß der Arzt den ausgerenkten Knochen in seinem Gelenk zunächst noch ein Stück weiter entfernen, damit das die angestrebte neue Verbindung hemmende angeschwollene Gewebe zurücktreten kann und die Einrenkung möglich wird. Übertragen auf die therapeutische

Aufgabe heißt dies, die Gründe der Ohnmacht eines Menschen gründlich und meistens auch über die Bewußtseinsgrenzen eines Menschen hinaus zu studieren und mit der Erkenntnis zu verbinden. Nur dieses kann dazu führen, daß die dem angeschwollenen Gewebe vergleichbaren seelischen Verspannungen gelöst und aufgehoben werden können, damit das Ich seinen Weg in sein "Gelenk" finden kann, das im übertragenen Sinne die Verantwortung für die Weltverhältnisse ist.

Das tragische Phänomen der aus Resignation hervorgegangenen Ohnmacht begründet zum einen die Gewalt gegen sich selbst, zum anderen aber auch die Blindheit für das eigene Selbst, deren Eintreten der Bereitschaft vorangeht, sich mit gewalttätig wirkenden Herrschaftsverhältnissen zu verbinden.

## "Wie kann der Mensch das tun?"

Mit der Ausübung zerstörerischer Gewalt ist in aller Regel auch eine Art Lusterlebnis verbunden. Gerade diese Erfahrung läßt zerstörerische Gewalt als eine Scheinbefriedigung wirksam sein, die einen Menschen sogar zu einem "enthusiastischen" Gewalttäter machen kann. Erich Fromm spricht in diesem Zusammenhang von der nekrophilen Aggression: "Die Todeslust der Nekrophilie wird so genannt in bezug auf eine seltene sexuelle Perversion (sexuellen Kontakt mit Leichen), die in Analogie zur Ausdehnung des sexuellen Masochismus auf sozialen Masochismus auf eine allgemeine Einstellung ausgeweitet wurde."[103] Erinnern wir uns an das Beispiel des Lustmörders, der im Verhör bei der Beschreibung eines seiner Morde in eine ent-ichende Begeisterung verfiel. Erinnern wir uns aber auch an Beschreibungen von Menschen, die die grauenvolle Tötungsbegeisterung der KZ-Aufseher erlitten haben. Beiden, dem Triebtäter und dem politisch legitimierten Folterknecht, ist die Veranlagung gemeinsam, auf den eigenen, auf natürliche menschliche Moralität begründeten Willen zu verzichten, und der Gefallen daran, durch irgendeine Person, durch eine Ideologie oder einen Dämon geführt zu werden. Dieses Gefallen hat seine Ursache in einer seelischen Verkrampfung, die dort entsteht, wo Lebenserfahrungen ent-ichend wirksam waren und die Ohnmacht zur beherrschenden Kraft geworden ist. Oft müssen wir uns wohl fragen, wenn wir durch Presseberichte mit Grauen zur Kenntnis nehmen, welche Gewalt Menschen an Menschen zu verüben in der Lage sind, wie ein einzelner so etwas überhaupt tun kann. Wir kommen dabei allerdings nicht umhin, uns dem Gefühl der Verantwortung zu stellen, das uns selbst in ein großes Schicksalsnetz einbezieht, in dem das Auftreten von Gewalt in allen ihren Formen als eine Art Entzündung in einem umfassenden großen Organismus erscheint.

Die Auseinandersetzung mit der Gewalt hat auch schreckliche Theorien hervorgebracht, die auf einem materialistischen Welt- und Menschenbild begründet sind. So sind es profilierte Persönlichkeiten wie Hoimar von Ditfurth oder Arthur Koestler, die den Menschen angesichts seines fragwürdigen Verhaltens, was in ihrem Sinne zu Unrecht Kultur genannt wird, als eine Art personifizierter Krankheit betrachten. So wollte Koestler beweisen, daß der Mensch eine Fehlkonstruktion, ein mißglücktes Experiment der Natur sei. Die Heilung von Gewalt und Zerstörung, und damit die Verhinderung der Selbstauslöschung des Menschengeschlechtes, sei nur möglich, falls es durch eine Psychotechnologie gelänge, ein Medikament als Heilmittel zur Kontrolle der selbstzerstörerischen Tätigkeit des Menschen zu finden.[104] Er kam zu der Erkenntnis, "... daß der Mensch nicht aus sozialen oder biologischen Gründen aggressiv und selbstzerstörerisch, sondern daß das menschliche Dasein an sich die Krankheit sei, von der er geheilt werden müsse, um überleben zu können. Gelänge es nicht, jene magische Droge zu finden, die die Aggression pharmakologisch heilt, sei der Mensch entweder zum Aussterben verurteilt oder müsse getötet werden, um die von ihm ausgehende Gefahr zu beseitigen. ... Des Menschen einzige Hoffnung und Heilung ist sein eigener Tod."[105]

Wenn wir uns am Schluß dieses Buches mit der "Reanimation" der Liebekräfte befassen, wollen wir versuchen, dieser schrecklichen, aber im Angesicht der gefahrvollen Entwicklungen der Menschheit verständlichen Ansicht etwas entgegenzusetzen und die mit ihr verbundene tragische Komponente zu beleuchten.

# AN DEN GEGENBILDERN ERWACHEN

## Das Judasproblem II

Im Kapitel über das Judasproblem haben wir uns vor Augen geführt, wie die durch Legende und Evangelienbericht überlieferte Judasbiographie urbildlich für den vielfach sich wiederholenden Fall eines Menschen in die Gewalt dasteht. Dabei ist uns der Jünger Christi, der in zahlreichen theologischen Kommentaren als von dämonischen Kräften besessen bezeichnet wird, als ein Mensch mit ursprünglich lauteren Absichten erschienen, der gleichsam durch die Tragik seines Schicksals vom Verständnis der ursprünglichen Ideale und damit vom Verständnis seiner selbst abgelenkt wurde. Die Sehnsucht nach einer Weltverwandlung auf der Grundlage der zukunftsorientierten Vorbilder vom Zusammenleben der Menschen hat sich gewandelt, bis er, der durch eigenen auf Reue gegründeten Entschluß in den Jüngerkreis eintrat, die eigentliche *Geist*gewalt Christi verkannte und ihn verriet. Dabei ist der Verrat nicht aus reiner Geldgier geschehen, sondern liegt in der Sehnsucht begründet, daß der als Meister auf spirituellem Gebiet Anerkannte durch seinen Sieg über die Widersacher und über den Tod zum weltlichen Herrscher aufsteigen möge. Wesentlich hieran ist das Motiv, daß ein spirituell begründeter Zukunftsimpuls mißdeutet und auf die weltliche Ebene verlagert wird. Hiermit wird Judas zu einer Art Repräsentant der in unserer Zeit aus eben diesem Grund in tragischer Weise zur Gewalt neigenden Menschheit.

Auch wir erliegen oft der Versuchung, die im Geistigen urständende und wirksame Erneuerung deplaziert in die irdischen Weltverhältnisse zu verlagern. Dieses setzt schon dort an, wo mit äußerer Macht versucht wird, idealistische Ziele zu verwirklichen. In großem Stil gilt da das Militär als Ausdruck staatlicher Macht, oder im Kleinen der oft in Skrupellosigkeit begründete wirtschaftliche Erfolg als Ausdruck souveräner Überlegenheit. Nur zu leicht bedienen sich Menschen unangemessener Methoden in der Realisation ihrer Ideale. Dieses aufzuzeigen, war die Absicht der vorangegangenen Kapitel dieses Buches. Nun wollen wir uns der Gewaltfrage abschließend in der Weise zuwenden, daß wir die Quellen für Liebe und Haß so zu betrachten versuchen, daß wenigstens im Ansatz deutlich wird, wo eine Erziehung und Selbsterziehung zum Frieden ansetzen kann.

# Prädestination zur Gewalt durch Erziehung

Gerade in der heutigen Zeit ist im Grunde genommen einem jeden Erwachsenen klar, daß es von der Art und den Leitbildern der Erziehung abhängt, wie leicht ein Mensch später in den Konflikten des Lebens zur Ausübung von Gewalt geneigt ist. Die Massenmedien sind voll von Bildern, Geschichten und Szenarien, die Gewalt verharmlosen oder gar verherrlichen. Wie oft sind es gerade die sogenannten Helden, die sich durch körperliche Kraft oder schwere Bewaffnung Respekt verschaffen. In einer Zeit, die mehr denn je auf die Verständnis- und Liebefähigkeit der Menschen angewiesen ist, wird auf diese Weise ein längst überwundenes Faustrecht wieder kultiviert. Es ist erschreckend, mit welch unbeherrschter Unnachgiebigkeit Kinder auf dem Schulhof miteinander kämpfen. Wie oft wird aus dem Spiel bitterer Ernst, wie oft fallen die Erwachsenen – Lehrer, Eltern, Erzieher – in Ratlosigkeit angesichts der an den Kindern erlebten mangelnden Selbstbeherrschung, die doch ein Ergebnis ihrer eigenen Erziehung ist.

Interessant und aufschlußreich ist es, wenn man im Blick auf die Judasbiographie als ein erstes zur Gewalt prädestinierendes Motiv von den Visionen der Mutter erfährt. Das in ihrem Leib werdende Kind ist in der Sinnsprache ihres Traumes ein Übeltäter. Dieses Erlebnis beeindruckt die Eltern derart, daß sie ihr Kind aussetzen und über das "große Wasser" in eine ungewisse Zukunft treiben lassen. Dieses Motiv kann uns unter anderem darüber belehren, daß die spätere Gewalt der Kinder nicht nur ein Ergebnis unqualifizierter Zuwendung durch die Eltern ist, sondern schon verbunden mit der Art der Erwartung der in das Erdenleben hereinkommenden Seelen angeregt wird. Freilich muß man allen Mut zusammennehmen, um allen gegenwärtigen Denkgewohnheiten zum Trotz die Frage aufzuwerfen, inwieweit es nicht die so oft unerwünschten und darum aus der beginnenden Inkarnation durch Abtreibung wiederum herausgedrängten Seelen sind, die dann eben, in für sie unpassenden Schicksalsverhältnissen verkörpert, gleichsam von vornherein nicht mehr in der Lage sind, in einer ihnen gemäßen Art den Grundsignaturen des individuellen Schicksals gemäß zu leben.

Im Sinne eines spirituellen Welt- und Menschenbildes beginnt die Verkörperung einer Menschenseele im irdischen Leib nicht erst mit der Konzeption, sondern schon mit dem ihr unter Umständen zeitlich weit vorangehenden Entschluß einer Menschenseele zur Verkörperung in einem irdischen Leib und in einer jeweils bewußt gewählten sozialen Situation. Es klingt für manch einen sicher paradox, aber es muß mindestens als Hypothese, begleitet mit dem Willen zu ernsthafter Auseinandersetzung, aufgeworfen werden: Wie gehen wir auf Erden verkörperte Menschen mit dem Lebens- und Inkarnationswillen der aus geistigen Welten in die irdischen Verhältnisse hereinkommenden Menschenseelen um? Welche Folgen hat die Gleichgültigkeit, welche Folgen hat die im Schwangerschaftsabbruch realisierte Zurückweisung? Folgen, nicht nur für die betreffende Individualität, sondern, über ihr Schicksal weit ausgreifend, für eine große Gemeinschaft von schicksalsmäßig miteinander verbundenen Menschen, denn jeder Mensch hat im Zusammenhang seines Schicksals eine "Mission", ist unverzichtbarer Bestandteil des Ganzen.

Das Kind Judas gerät in unpassende menschliche Zusammenhänge, indem es anstelle eines eigenen Kindes von einer ihm fremden Frau erzogen wird. Von einer Urbildlichkeit ist dann die Auseinandersetzung mit dem Menschenbruder, der in den Adoptivverhältnissen des Judaskindes berechtigt lebt und schon allein darum mit dem Adoptivkind in eine schließlich tödliche Auseinandersetzung gerät. An dieser Stelle des Berichtes über das Leben des Judas können wir schon konstatieren, daß die Gewalt, die schließlich bis zum Mord führt, schon vorgegeben ist und noch gar nicht mit einer direkten erzieherischen Zuwendung dem Kinde gegenüber zusammenhängt, sondern allein aus der Verneinung des Lebenswillens eines Menschen hervorgeht.

In seiner zweiten Lebensphase, die durch die Flucht aus den vom schrecklichen Verbrechen gekennzeichneten Lebensverhältnissen bestimmt ist, verbindet sich Judas mit der Macht des Geldes. Mit den Steuereinnehmern zieht er bis an den Hof des Pontius Pilatus. Auch dieses Motiv können wir aus dem Umkreis der heiligen Legenden heraus auf unsere gegenwärtigen Lebensverhältnisse übertragen. Das in der damaligen Zeit durch Steuern eingenommene Geld wurde den Menschen abgepreßt. Es ist ein unfreiwillig gegebenes Geld und in diesem Sinne eine "geraubte Lebenskraft". Fragen wir uns auch hier, wie es auf ein Kind wirkt, wenn es das Geld nicht mindestens als ein Äquivalent für erbrachte Leistung erlebt, sondern lediglich als ein Mittel zur Macht.

Wie erlebt es wohl ein Kind, wenn seine eigentlichen Herzenssehnsüchte auf ausschließlich materielle Art befriedigt werden? Die vom Kind gewünschte und erhoffte Zuwendung durch die Eltern wird in zahllosen Fällen durch die nun gar nicht kindgemäße Fernsehsendung, die Märchenkassette oder das phantasielos aufgeblähte Spielzeug ersetzt. Es kann der Liebeswunsch, der Liebesimpuls eines Kindes in der Seele eines Gegenübers nicht resonieren. An die Stelle einer wahrhaften, auf Liebe und Verständnis gegründeten Beziehung des Kindes zu seinen Eltern betritt das Kind mit seinem Leben eine Scheinwelt, die in keiner Weise auf die so nötige Individualisierung, sondern allein auf Vermassung ausgerichtet ist. Der Philosoph Günther Anders spricht in dieser Hinsicht von dem Masseneremiten, der aus individuellen Antrieben heraus Gemeinschaftsbildung ersehnt, aber allein durch eine alles Persönliche egalisierende Medienwelt abgespeist wird.[106]

Was auf ähnliche Weise in dem vielleicht schon jugendlichen Judas zerstört wird, leidet auch bei den Kindern unserer heutigen Zeit Schaden: das auf selbstverständliche Achtung gegründete Verhältnis zwischen Ich und Du, das Verhältnis zum Eigentum und zum Besitz des anderen; ebenso das Verhältnis zur eigenen Lebenswelt, das die des anderen selbstverständlich achtet.

Im Bild der Legende ist es so, daß Judas dem Wunsch des Pontius Pilatus gemäß in den nachbarlichen Besitz eingreift und für ihn einen Diebstahl verübt. Als der Besitzer sich gegen diesen Raub zur Wehr setzen will, kommt es zu einem Handgemenge, das so weit eskaliert, daß Judas zum zweiten Mal zum Mörder wird. Es fehlt ihm jegliche Empfindung dafür, daß man sich des Eigentums der Mitmenschen nicht ungestraft bemächtigen darf, und es fehlt ihm vor allem jede Fähigkeit zum daraus resultierenden Konflikt, der dann gleich bis in eine von Unbeherrschtheit gekennzeichnete Gewalthandlung eskaliert. Dieses an sich schon sprechende Motiv erfährt noch eine weitere Steigerung, indem die Legende hinzufügt, daß es der eigene Vater ist, den Judas im Streit erschlägt. Der durch ein unpädagogisches Verhältnis zu Geld, Besitz und Macht korrumpierte junge Mensch zerstört im Konflikt mit den Lebensverhältnissen die Welt seiner eigenen Herkunft, wendet sich also im Sinne der Selbstzerstörung gegen sein eigenes Schicksal.

Auch hier werden wir bitter an die heutige Realität erinnert, in der die Resignation der Jugendlichen im Erleiden der für den Einzelmenschen unpassenden Weltverhältnisse so bedrohliche Ausmaße annimmt, daß sie diese nicht nur einfach fliehen, sondern mit aller Kraft zerstören, was ihnen eigentlich als Lebensschicksalskraft zur Verfügung stehen sollte. Wie anders soll man die politisch und sozial absolut unmotivierte Gewalt etwa im Zusammenhang mit Fußballspielen verstehen, als daß da eine Aggression zerstörerisch wirksam wird, die sich nicht nur gegen den Mitmenschen, sondern auch gegen die eigene Individualität richtet. Das Gefallen an der Gewalt, die absolute Unfähigkeit zur Reflexion über das eigene Verhalten, sie bringen zum Ausdruck, daß der Täter lange vor der Tat selbst zum Opfer seiner Lebensverhältnisse geworden ist.

Nach dem Mord an dem eigenen Vater tritt Judas in den äußeren Besitzverhältnissen an seine Statt und ehelicht darüber hinaus seine eigene Mutter. Es ist die Mutter in der Bildsprache der Legende, auch die Repräsentantin für die dem Judas am nächsten stehenden Menschen. Sein Weg zur Erde hat in erster Linie diesen Menschen zum Zielpunkt; die den Inkarnationswillen umkleidende vorgeburtliche Sehnsucht zur Erde hatte sich in ganz besonderem Maße auf diesen Menschen gerichtet. Es ist aber auch der Mensch, der mit dieser Zuwendung nicht nur nichts verbinden konnte, sondern ihr Erleben im Zurückweisen des Kindes auch negierte. Das Unverständnis, das mangelnde Einfühlungsvermögen und die Verschlossenheit vor den von anderen Menschen ausgehenden Schicksalimpulsen machten diesen Menschen im Sinne einer tragischen Verwicklung zum allerersten Feind. Und diesen Menschen, dem die tiefste Liebe des Judas galt, diesen Menschen, der dieses Urvertrauen mit grundsätzlicher Ablehnung beantwortete, bindet Judas an diesem Punkt seines Lebens so nah an sich, wie keinen sonst.

Die Übertragung auf die heutigen Verhältnisse wirft ein Licht auf eine seelische Komponente, die den Gewalttäter als einen im tieferen Sinne unfreien Menschen kennzeichnet. Der Gewalttäter unterwirft sich denjenigen Kräften oder gar Personen, die für die ganze Tragik seines Schicksals verantwortlich sind. Er verfällt geradezu willenlos den Problemherden in seiner Biographie. Aus den gewaltbegründenden Verhältnissen herauszufinden, übersteigt die Kraft der meisten Verbrecher.

So ist es eine für Außenstehende schier unverständliche Form der Liebe, die auch noch das schwer mißhandelte Kind für seine Peiniger hegen kann und die auch nach weitreichenden Schicksalserschütterungen bemerkenswerterweise erhalten bleibt. In bewegender Weise gibt davon der Lebensbericht des im letzten Kapitel erwähnten Fritz Mertens[107] Zeugnis, der den gravierenden und im tieferen Sinne schädigenden Einfluß durch die Mutter beklagen muß, als er selbst schon zum zweifachen Mörder geworden war. Der Peiniger erscheint selbst als ein Gepeinigter und als ein solcher Mensch, der diejenigen, die ihm die gewaltauslösenden seelischen Schmerzen zufügten, auch noch liebt.

Im Sinne der Freudschen Psychologie müßte man sagen, daß der Sadist, also derjenige, der den freien Willen eines Menschen etwa durch die Qual der Folter zu zerbrechen in der Lage ist, im tiefsten Inneren eigentlich ein Masochist ist, also einer, der mit einer gewissen Lust die ihm einst zugefügten Leiden in der Erinnerung bewahrt und so seine Gewaltneigung fortwährend verstärkt.

Aus diesem so weit eskalierten Schicksal flieht Judas, indem er sich der Jüngerschaft Christi zugesellt. Damit ist gleich auf den Schlußpunkt der tragischen Schicksalsverwicklung hingedeutet, denn er begegnet dem Gottessohn, der allein aus spirituellem Auftrag heraus handelt, mit der Sehnsucht nach einer nachhaltigen Veränderung der äußeren politischen Verhältnisse. Dieses Mißverständnis gibt – wie wir sahen – den eigentlichen Grund für den Verrat ab. Nimmt man noch hinzu, wie uns – den biblischen Berichten folgend – die seelische Gestimmtheit des Judas nach dem Verrat beschrieben wird, so haben wir vor uns einen Menschen, der seine letzten Hoffnungen auf die eventuelle politische Wirksamkeit eines Mitmenschen konzentrierte und der an diesem Mißverständnis zerbrach. Die eigentliche Tragik, die uns am Ende dieser Biographie entgegentritt, ist die eines Menschen, der nicht mehr in der Lage war zu erkennen, wie die Kräfte der Wandlung der äußeren Verhältnisse von jeder einzelnen Individualität, also auch von ihm, im Sinne einer Evolution und nicht einer Revolution ausgehen müssen.

Wollen wir also von einer Prädestination zur Gewalt durch Erziehung sprechen – was hier nur im Sinne eines allerersten Anfangs möglich war –, können besonders solche Schicksalsverläufe hervortreten, in denen die Inkarnation einer menschlichen Individualität in den irdischen Leib – in die auf Freiheit gegründete Beziehung zu seinen Mitmenschen, in persönliche Besitz- und Machtverhältnisse, in eine verarbeitete und darum hilfreiche Erinnerung und letztlich in eine Einsicht in die Möglichkeiten und Bedeutungen der eigenen Individualität – verhindert wird.

## Prädestination zum Frieden durch Erziehung

Vollständig anders als im eben beschriebenen Sinne muß es auf die Seele eines heranwachsenden Menschen wirken, wenn seinem Inkarnationswillen mit liebevoller Erwartung durch die Erwachsenenwelt begegnet wird. Es wird dabei immer von besonderer Bedeutung sein, daß wir im Kind nicht nur den von körperlicher Gestalt kleinen und zu vielem im irdischen Leben Notwendigen unfähigen Mitmenschen erblicken, sondern einen, der in ganz besonderer Weise Zukunft mit sich in sein und unser aller Leben trägt. Wenn ein Dichter einmal das Wort prägte, Erziehung sei die organisierte Verteidigung der Erwachsenen gegen das Kind, so kennzeichnet dieses

Wort ja die mangelnde Bereitschaft, in bestehende Welt- und Lebensverhältnisse aufzunehmen, was die Kinder aus geistigen Welten herab in sie
hineintragen wollen und können. Schauen wir auf das Kind mit dem Gefühl,
daß mit ihm zunächst unsichtbar die Zukunft in der Erdenwelt in Erscheinung tritt, so werden wir die Leitbilder, die Maximen unserer Erziehung, an
manch einer Stelle kindgemäßer ausrichten können, als es im allgemeinen
der Fall ist. Nicht darauf kommt es an, den Kindern die Erwachsenenstand-
punkte und Lebensweisen überzustülpen, sondern ihr Lebensumfeld so zu
bereiten, daß ihr eigener Lebens- und Schicksalswille gestaltend wirksam
werden kann. Nicht Meinungen und Standpunkte an das Kind heranzutra-
gen, sondern Entwicklungshindernisse fortzuschaffen, ist die vornehmste
Aufgabe der Erwachsenen.

In den Kindern kann man die menschwerdende Zukunft erblicken. Schon
im gewöhnlichen Sprachgebrauch muß man sich in diesem Sinne auch immer wieder darüber klar werden, was man eigentlich sagt, wenn man von
*seinem* Kind spricht. Kinder sind keine Gegenstände, die man besitzen kann,
sondern jedes für sich ist eine hohe Anforderung aus fortwährend geübter
Toleranz heraus, dem anderen die Entwicklung im Sinne des eigenen
Schicksals zu ermöglichen. Was das für Eltern und Erzieher bedeuten kann,
bringt der Dichter Kahlil Gibran in ein wunderschönes Gedicht:

> "Eure Kinder sind nicht *eure* Kinder.
> Es sind die Söhne
> und Töchter von des Lebens
> Verlangen nach sich selber.
> Sie kommen durch euch, doch nicht *von*
> euch;
> und sind sie auch bei euch, so gehören sie
> euch doch nicht.
> Ihr dürft ihnen eure Liebe geben, doch
> nicht eure Gedanken.
> Denn Sie haben ihre eigenen Gedanken.
> Ihr dürft ihren Leib behausen, doch nicht
> ihre Seele.
> Denn ihre Seele
> wohnt im Hause von Morgen,
> das ihr nicht zu betreten vermöget,
> selbst nicht in euren Träumen."[108]

Man kann sich vorstellen, welche Wirkung es auf die Seele eines heranwachsenden Menschen haben kann, wenn es von solchen Erziehern umgeben ist, die den eigenen Lebensweg als Helfer, als Weggefährten begleiten. Sie verstehen es, im rechten Augenblick helfend und unterstützend einzugreifen, Sicherheit und Ermutigung zu geben. Ihr Erziehen ist von der Maxime geleitet, daß ein Erwachsener ein Kind in der Anerkenntnis seiner Entwicklung und in Ehrfurcht vor der Bedeutung und Größe seiner Individualität auch stückweise in ein dann eigenverantwortlich gestaltetes und geführtes Leben zu entlassen hat. Die Friedenserziehung ist in diesem Sinne nicht eine solche, die Verhaltensweisen beschreibt, vermittelt und einübt, sondern die es versteht, Zurückhaltung dort zu üben und walten zu lassen, wo sich ein Mensch nach Maßgabe seines eigenen Schicksals mit den Weltverhältnissen auseinandersetzen und in sie einleben will.

## Die eigenen Ideale ertragen lernen

Die mit einem spirituellen Menschenbild verbundene Kardinalfrage ist für unsere Zeit die nach der Herkunft des Menschen. Inwieweit wird es gelingen, die auf die Menschwerdung bezogenen, aus dem Materialismus heraus geborenen Vorurteile über des Menschen Herkunft aufzulösen und zu überwinden? Die menschliche Seele fällt nicht vom Himmel, sie tritt auch nicht erst mit der leiblichen Konzeption in Erscheinung, sondern ist vielmehr aus einer geistigen Welt in die irdische Welt herabgesandt. Der Inkarnation einer menschlichen Seele in einem irdischen Leib liegt eine Schicksalsbestimmung zugrunde, die die wesentlichen Lebenserfahrungen und -tatsachen der Möglichkeit nach vorgibt, ohne aber die Entscheidungs- und Handlungsfreiheit eines Menschen anzutasten. Man kann sich diese Schicksalssignatur nicht so vorstellen, wie sie einem oft in Werken einer schlechten Astrologie vermittelt wird, also nicht so, daß es ein Gleis, einen Weg gibt, auf dem der Lebenswagen eines Menschen dahinrollt, ohne Möglichkeit, ihn zu lenken. Im Bilde gesprochen verhält es sich mit dem Schicksal des Menschen eher so, daß vor den Lebenswagen Pferde gespannt sind, aber es trotzdem auf den die Pferde lenkenden Kutscher ankommt, wie der Wagen geführt wird. Die Zügel des Schicksals sind in die Hände des freien und eigenverantwortlichen Menschen-Ich gegeben.

Trotzdem ist es so, daß der Mensch nicht erst im Verlauf seines Lebens lernt, was man als die Grundbedingungen eines Menschseins bezeichnen könnte, sondern daß nur zum Bewußtsein gerufen wird, was im idealistischen Sinne die Inkarnation auf Erden lebens- und liebenswert macht. Es lebt latent in einer jeden Menschenseele die Ehrlichkeit, die Treue, die Verbindlichkeit, die Verständnisbereitschaft usw. Und sie werden jeweils durch die Maßnahmen der Erziehung und Selbsterziehung aus den Bewußtseinstiefen herauf ins Tagesbewußtsein gerufen. Es ist schon da, was zum Wirksamwerden im Menschenleben drängt. Und dieses Drängen der vorgeburtlich mit der Menschenseele verbundenen Ideale will eben im Erfahren der Lebenswirklichkeiten ertragen werden. Es ist ein gefährlicher Trugschluß zu glauben, daß ein Mensch unabhängig von einer zu Unehrlichkeit neigenden Umgebung selbst ein unehrlicher Mensch wird. Es ist aber auch ein Trugschluß zu glauben, daß ihm die später vielleicht dann auch dargelebte Unehrlichkeit anerzogen ist. Richtig ist vielmehr, daß die Unehrlichkeit seiner Umgebung verhindert hat, daß die ihm mitgegebene Ehrlichkeit wirksam werden kann. Kein Mensch wird als Verbrecher geboren, und kein Verbrecher ist glücklich über sein Verhalten. Die von ihrem Schicksal möglicherweise immer wieder durch verbrecherische Handlungen abweichende, die Leitlinien eines auf mitmenschliches Verständnis gegründeten Lebens verleugnende Seele muß als zerrüttet und von den Impulsen des Vorgeburtlichen abgelenkt gelten. Wo wir in dieser Hinsicht mit dem abgründigen Verhalten von Menschen konfrontiert sind, ist es um so nötiger, mutig im vermeintlichen Täter das Opfer zu erkennen und zu suchen. "Liebt das Böse gut, lehren tiefe Seele. Lernt am Hasse stählen Liebesmut", schreibt der Dichter Christian Morgenstern. Er drückt damit aus, was gerade in unserer Zeit die vornehmste, aber zugleich schwierigste Übung für uns Menschen ist.

In einem anderen Kapitel dieses Buches haben wir uns mit der Enttäuschung als Einfallstor für Gewalt beschäftigt. Ich möchte an dieses Faktum der Enttäuschung als Indikator für Gewalt auch jetzt noch einmal erinnern, denn es ist immer eine Enttäuschung, die ein Mensch erleiden muß, wenn er Unehrlichkeit, Untreue, Unverbindlichkeit und Haß in seiner Umgebung erlebt. In der Welt seiner Herkunft, in der Welt, mit der er auch während der Inkarnation in einem irdischen Leib spirituell verbunden ist, gibt es keine Unehrlichkeit und keinen Haß. Auch wenn dies in seiner vollen Klarheit nicht immer zum Bewußtsein kommt, ist es für niemanden verständlich, wenn von den Grundmaximen eines wahrhaft menschlichen Verhaltens abgewichen wird. Es ist darum nicht verständlich, weil es den in der Tiefe der Seele verankerten Erfahrungen diametral entgegengesetzt ist. Dieses kann kein Mensch wirklich ertragen, und die eigene Idealnatur wird durch solche

Lebenserfahrungen getrübt, verdunkelt. Wo jemand aber im Vollbesitz seiner geistigen und seelischen Kräfte und erfüllt von Lebensfreude mit seinen Aufgaben verbunden handelt, erleben wir ihn dementsprechend als ein lichtes und so von Kraft erfülltes Gemüt. Müssen wir nicht die Enttäuschung, die auf seelisch-geistiger Ebene, bildhaft gesprochen, einer Verdunkelung gleichkommt, als eine Entkräftung der menschlichen Seele zu erkennen suchen? Als eine Entkräftung, die den Menschen außerstande setzt, emotionale Schwankungen mit Gleichmut zu ertragen? Die Enttäuschung in dieser Hinsicht ist tatsächlich ein Indikator für Gewalt.

Es sei hier noch einmal mit aller Deutlichkeit vermerkt, daß kein Verbrecher zu vernünftigem Handeln zurückfinden kann, daß kein Haß zu befrieden und kein aus Unverständnis hervorgegangenes Leid zu lindern ist, wenn nicht in aller Entschiedenheit erkannt wird, was das Wesen der Ideale im eigentlichen Sinne ist: Ideale sind auf die seelische Ebene heruntertransponierte Ideen, die wiederum geistige Wirklichkeiten sind und nicht tote, allein intellektuell faßbare Begriffe. Erziehung ist in diesem Sinne immer eine Ausbildung, eine Entwicklung, damit zur Erscheinung kommen kann, was mit der menschlichen Seele in lange zurückliegenden Zeiten verbunden wurde. Erziehung zum Frieden bedeutet, einem Menschenwesen Hilfestellungen dabei zu geben, aus dem eigenen Innern hervortreten zu lassen, was für das eigene Schicksal und das Schicksal der anderen Menschen auf die Zukunft gesehen notwendig ist. Die Erziehung zum Frieden wird aber auch immer darum bemüht sein, unter Maßgabe der Einsicht in die Herkunft der Ideale, den Menschen dabei zu ermutigen, die Wirklichkeit des in den irdischen Verhältnissen oft vergeblich Gesuchten auf seelisch-geistiger Ebene zu erfahren und damit aus eigener Kraft an die Stelle der Resignation die Treue zu den Idealen, d.h. die Treue zu sich selbst, zu setzen. So hat es keinen Sinn, dem Verbrecher per Gesetz die Vernunft zu verordnen. Hilfe ist nur dann möglich, wenn er zu dem Erlebbarwerden der Ideale in der eigenen Seele durch eine entsprechend ausgerichtete Therapie gewiesen werden kann. Es ist für jeden Menschen eine Herausforderung, in den Gesetzen nicht Vorschriften zu sehen, die nur schlicht und einfach zu befolgen sind, sondern Widerspiegelungen dessen, was in der eigenen Seele vielleicht noch unentdeckte Realitäten sind. Es ist ebenso eine Herausforderung für uns Menschen, auch die Berechtigung von staatlicherseits formulierten Gesetzen zu prüfen, indem man sie in eine konkrete Beziehung zu dem setzt, was die Stimme des Gewissens, die dem Gefühl für Wahrheit im eigenen Inneren entspricht, über ein wahrhaft menschliches Verhalten aussagt. Im

Grunde genommen kann dies jedem Menschen klarwerden, insbesondere an solchen Stellen, wo wir gerade enttäuschte Mitmenschen als solche Gewalttäter erleben müssen, die den Widerspruch, den Widerstand der äußeren Weltverhältnisse nicht mehr ertragen und die eben darum zerstören, was sie einstmals im Hereinkommen in eine irdische Inkarnation aus tiefstem Seelengrund liebend bejahten.

## Von "innen her" den Frieden schaffen

Im Zusammenhang mit den spirituell-menschenkundlichen Hintergründen der Gewalt ist es nicht nur ein Problem der Befriedung in Situationen eskalierter Aggressivität, das wir mit der eben gekennzeichneten Pflege des Seelisch-Geistigen verbinden. Sicherlich ist es nötig, fortwährend um eine Übung im Umgang mit den Idealen bemüht zu sein. Tatsächlich ist es möglich und nötig, im Sinne einer solchen Seelenpflege in besonders dafür vorgesehenen Momenten des alltäglichen Lebens die Verbindung mit dieser Welt der Ideale, die da zwischen der geistigen und der physischen Welt liegt, zu suchen. Solche Übungen bilden am Bewußtsein von der Welt unserer Ursprünge und können tatsächlich bis in die äußeren Lebensverhältnisse hinein kraftvoll wirksam werden. So kann es Situationen im Leben eines einzelnen Menschen geben, in denen ihm in der äußeren Welt und in den Mitmenschen die Aufrichtigkeit nicht mehr in ausreichendem Maße erlebbar ist. Wie anders soll ein solcher Mensch dann an der Überzeugung von der Realität der Aufrichtigkeit festhalten können, wenn ihm nicht, allen Widerständen zum Trotz, dieses Ideal in seiner eigenen Wirklichkeit von innen her erlebbar wird. Daß wir damit nicht etwa eine suggestive Betätigung des Menschen meinen, sondern das Anknüpfen an etwas, was seelisch-geistig allemal real ist, ist vor dem Hintergrund des vorangegangenen Kapitels wohl hinlänglich deutlich geworden.

Das vorhin zitierte Wort des Dichters Christian Morgenstern erinnert an das christliche Verhalten, wie es durch Jesus Christus in der Bergpredigt dargestellt worden ist: "Richtet nicht, auf daß ihr nicht gerichtet werdet. Denn mit welcherlei Gericht ihr richtet, werdet ihr selbst einst gerichtet werden. Und mit welcherlei Maß ihr messet, wird auch euch gemessen werden. Was siehst du aber den Splitter in deines Bruders Auge und wirst nicht gewahr des Holzstückes in deinem Auge. Oder wie darfst du sagen zu deinem Bruder: Halt, ich will dir den Splitter aus deinem Auge ziehen? Und siehe, ein großes Holzstück ist in deinem eigenen Auge. Du Heuchler, zieh zuerst das große Holzstück aus deinem Auge, danach sieh zu, wie du den Splitter aus deines Bruders Auge ziehest."[109)]

"Ihr habt gehört, daß gesagt ist: Du sollst deinen Nächsten lieben und deinen Feind hassen. Ich aber sage euch: Liebet eure Feinde, segnet die euch fluchen, tut wohl denen, die euch hassen, bittet für die, so euch beleidigen und verfolgen, auf daß ihr Kinder seid eures Vaters im Himmel. Denn er läßt seine Sonne aufgehen über die Bösen und über die Guten und läßt regnen über Gerechte und Ungerechte."[110)]

Wir müßten diese Worte Jesu Christi vollständig falsch verstehen, wenn wir sie als Gebote auffassen wollten. Es sind Aufforderungen zur Übung, Aufforderungen, zunächst im Sinne der eben beschriebenen Seelenpflege innerlich zu üben, was in Konfliktsituationen des alltäglichen Lebens wirksam werden kann.

## Gewalt – die Abkehr von inneren Werten

Es ist gar nicht so lange her, als weltweit Tausende und Abertausende junge Menschen gegen die schrecklichen Kriegsereignisse in Vietnam demonstrierten. Diese jungen Leute sind die heutige Elterngeneration, und wiederum sind es die heutigen jungen Leute, die Kinder der damals für den Frieden demonstrierenden Scharen, die wiederum mit dem gleichen Anliegen vor dem Hintergrund gleicher seelischer Erschütterungen für den Frieden demonstrieren. Kaum sind die Schrecken des einen großen Krieges verwunden, erschüttert ein neuer Krieg, der Golf-Krieg, die Seelen der Menschen.

Während oder nach der Lektüre der Tageszeitungen oder nach dem Hören der Nachrichten im Rundfunk oder Fernsehen fühle ich mich immer wieder dazu gedrängt, mir in Erinnerung zu rufen, was Franz Alt in seinem Buch über die Bergpredigt so prägnant ausdrückte, indem er sagte, daß ein jeder Krieg ein Ausdruck unserer Schwäche, unseres Versagens und ein jeder Frieden Ausdruck unserer Stärke ist.[111)] Man kann angesichts der Golf-Kriegsereignisse tatsächlich nicht mehr mit einem ruhigen Gewissen über die tatsächliche eigene Verantwortung für die Weltereignisse hinweggehen. Auch dieser Krieg geht uns alle an. Auch dieser Krieg kann uns wiederum dazu ermahnen, die spirituelle Übung, den Umgang mit inneren Werten zu pflegen, denn nur so wird es unter den Menschen friedlich zugehen können.

Krieg, Haß und Gewalt sind immer die Folgen unangemessenen menschlichen Verhaltens oder – wie man auch sagen könnte – die Konsequenz aus dem ideenvertilgenden Lebensstil unserer Zeit. "Alles, was wir nicht mehr natürlich leben (Sexualität, Liebe, Urvertrauen, Religion), kompensieren wir unbewußt durch Streben nach Geld und Macht. Der Gipfel des kompensatorischen Lebens ist die Atombombe, deren Existenz nicht neu ist, deren Gefahr wir aber verdrängt hatten. Doch was wir verdrängen, meldet sich irgendwann wieder."[112] Wie wahr ist auch diese Feststellung über die Folgen eines von Franz Alt so genannten kompensatorischen Lebens. Gehört es nicht zu den furchterregenden Tatsachen unserer Zeit, daß sich Menschen im Verüben schrecklicher Vernichtungen in dieser ihrer Rolle noch gefallen, ja sogar Freude, Lust erleben? Solches muß jedem vollständig unverständlich erscheinen, der nicht den Gedanken zugrunde legen könnte, daß das Böse immer das deplazierte Gute ist, daß jeder Krieg und jedes Gefallen am Krieg in die unausgelebte Sehnsucht nach Frieden gebettet ist. Die Kraft der Aggression wird überall dort zerstörerisch, wo sich eine Abkehr von der Belebung und Rückbesinnung auf innere Werte ereignet hat.

## Frieden – die Belebung innerer Werte

Der Frieden, die für das Zusammenleben von Menschen so wichtige Kraft, der Frieden, die aus dem Zusammenleben der Menschen hervorgehende Kraft, ist immer das Ergebnis eines entschlossenen, von Mut getragenen, aktiven Sich-Bemühens. Es ist aber auch der positive Aspekt, der aus jedem Menschen-Ich hervorgehenden Frage nach dem Wesen des Mitmenschen. Jeder Mensch ist für seine Mitmenschen ein Rätsel, ein Geheimnis, welches es zu entschlüsseln, zu lösen gilt. Allerdings ist es dabei nötig, die eigenen Bemühungen in der vorhin charakterisierten spirituellen Übung abzustützen. Fehlt dieser Hintergrund, entbehren wir der Möglichkeit, in den Auseinandersetzungen mit den Welt- und Lebensverhältnissen selbstbewußt – und das heißt friedlich – bestehen zu können.

Der Frieden ist zugleich ein Tor zur Zukunft. Der Frieden ist auch eine Art Fokus, in dem die vielen zukunftsorientierten Ideen, aus den Bewußtseinstiefen des Menschen aufglänzend, gebündelt werden. Frieden ist dort, wo die Welt der Ideen durch die der Ideale hindurch in den äußeren Lebensverhältnissen wirksam werden kann. "Es gibt keine größere Macht als die einer zeitgemäßen Idee,"[113] schreibt Franz Alt. Eine Übereinstimmung zwischen den inneren und äußeren Werten zu finden, ist aber gerade das Problem, das, wenn es gelöst werden soll, auch das Bekenntnis zu einem oft unangenehm wirkenden Verhalten erfordert. Man wird sich in all die vielen

Lebensverhältnisse störend einmischen müssen, die die lichtvolle Wirklichkeit der Ideen verschatten und verdunkeln wollen. Hierbei läßt sich das, was letztlich als Wahrheit anerkannt werden kann, nicht aus einem kollektiven Verständnis ableiten, sondern kann nur aus dem Erkennen eines Einzelindividuums hervorgehen. Sich den Widerständen zum Trotz idealistisch zu verhalten, heißt auch, ein tatgebundenes Bekenntnis zum eigenen Wesen, zum eigenen Ich abzulegen. Dies erfordert allerdings auch den Mut, sich unter Umständen, dem eigenen Gefühl für Wahrheit folgend, als Einzelmensch gegen die Gemeinschaft zu stellen.

Wenn Frieden mit der Belebung innerer Werte zusammenhängt, die die in sich realen und in der Welt der Ideale wirksamen Ideen sind, so schwimmt der in diesem Sinne für den Frieden Engagierte oft gegen den Strom der Zeit. Man kann wohl mit einiger Berechtigung sagen, daß es in keiner Zeit so schwer wie in der heutigen war, ein kontemplatives Leben zu führen. Das äußere Gewicht des Schreckens scheint über die inneren Werte erhaben zu sein. Jedenfalls würde man einem guten Gedanken, einer Meditation oder einem Gebet so ohne weiteres nicht eine so real wirksame Kraft zusprechen wie einer Mittelstreckenrakete. Und doch müssen wir uns, angesichts so schrecklicher Katastrophen wie der des Golf-Krieges, unerbittlich der Aufgabe stellen, ein Bewußtsein für die Wirksamkeit der Ideale auszubilden. Nur so werden wir ein Empfinden für die Quellen des Friedens und für den Frieden selbst entwickeln können. Es ist der einzig mögliche Weg, das Rätsel Mensch im Sinne der Selbst- und Mitmenschenerkenntnis ein Stückweit zu lösen.

Wir könnten uns ganz praktisch versuchsweise einer kleinen Übung unterziehen. An jedem Morgen zwischen dem Ankleiden und dem Frühstück zwei Minuten in dem Gedanken zu verweilen: "Ich bin aus geistigen Welten in diese Erdenwelt herabgesandt." Und dann am Abend vor dem Einschlafen stellen wir uns zwei, drei oder vier Menschen noch einmal vor, mit denen wir tagsüber zu tun gehabt haben. Und ganz gleich, was wir ihnen gegenüber empfanden, wollen wir uns ihr Bild bei geschlossenen Augen noch einmal ins Bewußtsein rufen, ohne Empfindungen, möglichst frei, wie bei der Betrachtung eines Gemäldes im Museum. Und dann, wenn wir uns diese Menschen so noch einmal zum Bewußtsein gebracht haben, uns wiederum für zwei Minuten in diesen Gedanken versenken: "Alle meine Mitmenschen wurden aus einer geistigen Welt in die Erdenwelt herabgesandt." – Es wird eine Woche konsequenter Übung genügen, um einen nächsten Schritt tun zu können. In einer Konfliktsituation, wenn uns das Verhalten eines Mitmenschen zum Ärger reizt, für einen kurzen Augenblick im Innern zu empfinden: "Ich selbst und mein Gegenüber sind aus geistigen Welten in die Erdenwelt herabgesandt." Es wird, vor dem Hintergrund einer aus solchem Üben erlebbar werdenden Stimmung, eine Kraft des Friedens verfügbar werden. Allerdings dürfen die kurzen Zeilen nicht einfach Gedanken bleiben, sondern müssen mehr und mehr auch innerlich gefühlt werden. So ausgebildete Gefühle ebnen den Weg zu den inneren Werten und werden zur Ausgangskraft des Friedens.

Natürlich muß eine so kleine Übung vor dem Hintergrund der Gesamtproblematik, wie ich sie in diesem Buch darstellen wollte, als sehr bescheiden angesehen werden, aber es ist ein *Anfang*. Es ist ein Schritt in eine Richtung, in der es noch viel mehr, aber nichts wesentlich anderes zu finden gibt. Mögen die Übungen der Kontemplation, der Meditation und des Gebetes noch viel differenzierter vollzogen werden, haben sie doch eine gemeinsame Richtung. Der so übende Mensch entwickelt in sich eine Kraft, die, von ihm ausgehend, ordnend und befriedend wirksam sein kann. Er entwickelt auch ein Einfühlungsvermögen in dunkle Lebenssituationen, denn alles, was uns im Hinblick auf die spirituellen Hintergründe der Gewalt beschäftigen kann, führt zu der zentralen Aufgabe, die Natur des Menschen spirituell und den Widerständen des Materialismus zum Trotz zu begreifen, zu beschreiben und zu verehren.

# SCHLUSSBEMERKUNGEN

Die Aktualität des Gewaltthemas geht äußerlich aus den Kriegsereignissen, der zunehmend immer brutaler werdenden Pseudojugendbewegungen, der zunehmenden Gewalt in Ehe und Familie usw. hervor. Die Irreführung der mit dem Aggressionstrieb (im beschriebenen Sinne) verbundenen Kräfte scheint mit den Zeitsignaturen des zu Ende gehenden 20. Jahrhunderts zu tun zu haben.

Es gibt aber noch einen mehr innerlich zu betrachtenden Aspekt, der mit der Gewaltfrage meist nicht verbunden wird: Die Menschheit scheint die Gewißheit ihrer spirituellen Her- und Zukunft aus dem Bewußtsein verloren zu haben. Es war meine Absicht, mit diesem Buch aufzuzeigen, daß es eben diese Gewißheit ist, die aber trotzdem im unbewußten Teil des menschlichen Seelenlebens fortwirkt. Diesem Fortwirken ist es zuzuschreiben, daß manch ein Gewalttäter, einer ihm unklaren Sehnsucht folgend, die Welt zerstört, statt sie zu lieben. Dies will kein Mensch, nicht einmal er selbst. Zerstörerische Gewalt tritt in diesem Sinne zwanghaft auf. Sie ist eine Signatur der tragischen Irreleitung hoher, seelischer Kräfte und zugleich eine Gefahr für alles zukünftige Menschsein.

Im Angesicht zunehmender Gewalt und Gewaltbereitschaft muß in vollem Ernst auf die in diesem Buch beschriebene spirituelle Komponente der Problematik gewiesen werden. Nur wenn es uns gelingt, aus solchem Bewußtsein den Mut zu konsequenter Neuorientierung gegenüber wesentlichen Lebensbereichen zu finden, werden wir der ernsten Lage Herr werden können. Es geht um die Zukunft des Menschseins und des Menschen schlechthin.

# Nachweis der Zitate

1) Frankfurter Rundschau, 27.12.1990
2) ebd.
3) ebd.
4) Theodor W. Adorno: Minima moralia. Frankfurt 1982, S.176 f.
5) Ulrich Beck: Das ganz normale Chaos der Liebe. Frankfurt 1990, S.59
6) Beatrice Webb, in: Mackenzie/Mackenzie: The Diary of Beatrice Webb. Vol.3, London 1984, S.291
7) siehe Peter Krause: Lernen in der Fabrik. Krefeld 1987
8) Paracelsus, zit. nach Erich Fromm: Die Kunst des Liebens. Frankfurt 1976, S.14
9) Rudolf Steiner: Wie erlangt man Erkenntnisse der höheren Welten? GA 10, Dornach 1961, Kap. 'Bedingungen'
10) vgl. Johannes Hemleben: Das haben wir nicht gewollt. Stuttgart 1978, S.234 ff.
11) Anne Marie Tausch: Gespräche gegen die Angst. Reinbek 1981, S.211
12) Bernard Lievegoed: Der Mensch an der Schwelle. Stuttgart 1985, S.121
13) Erich Fromm: Die Kunst des Liebens, a.a.O., S.25
14) Ulrich Beck: Das ganz normale Chaos der Liebe, a.a.O., S.282 f.
15) Walter Hirsch: Idee. In: Handbuch philosophischer Grundbegriffe. München 1973, S.707
16) Friedrich Schelling: Clara. München 1948, S.73
17) siehe Eugen Drewermann: Tiefenpsychologie und Exegese. Olten 1989
18) 1. Buch Mose, 1. Kapitel
19) Johannesevangelium, 1. Kapitel, Vers 5
20) ebd., Verse 6-8
21) Friedrich Nietzsche: Also sprach Zarathustra. München/Wien 1980, S.279
22) Matthäusevangelium, 7. Kapitel
23) Wladimir Solowjew: Drei Gespräche. Bonn 1947, S.73
24) siehe Rudolf Steiner: Wie erlangt man Erkenntnisse der höheren Welten? A.a.O.
25) siehe Rudolf Steiner: Theosophie. GA 9, Dornach 1961, S.18 f.
26) Václav Havel: Briefe an Olga. Reinbek 1984, S.135
27) ebd., S.152 f.
28) ebd., S.151
29) ebd., S.151 f.
30) ebd., S.151
31) Rainer Maria Rilke: Gesamtausgabe. Bd.1, Frankfurt 1980, S.12
32) Hoimar von Ditfurth: Der Geist fiel nicht vom Himmel. Hamburg 1976, S.314 ff.
33) Rudolf Steiner: Gebete für Mütter und Kinder. Einzelausgabe, Dornach 1980, S.40

34) Werner Rauer: Vortrag am 03.12.1983. Tonbandabschrift des Verfassers

35) Václav Havel: Briefe an Olga, a.a.O., S.136 f.

36) Hans Erhard Lauer: Die Wiedergeburt der Erkenntnis. Freiburg 1946, S.113

37) Joseph Ennemoser: Ursprung und Wesen der Seele. Basel 1980, S.124

38) ebd., S.72 f.

39) siehe Rudolf Steiner: Die Erziehung des Kindes vom Gesichtspunkte der Geistes- wissenschaft. Einzelausgabe, Dornach 1978, und in GA 34 und 36

40) Wladimir Lindenberg: Mysterium der Begegnung. München 1979, S.33

41) siehe Johann Gottlieb Fichte: Die Bestimmung des Menschen. Berlin 1971 und: Erste und zweite Einleitung in die Wissenschaftslehre. Berlin 1971

42) vgl. Peter Krause: Johann Gottlieb Fichte. In: Die Christengemeinschaft, Nr.5/1982

43) vgl. Anke Weihs: Zur Menschenkunde der Oberstufe. Stuttgart 1981

44) siehe Rudolf Steiner: Erziehungsfragen im Reifealter. In GA 302a, Dornach 1986

45) vgl. Allerbeck/Haak: Jugend ohne Zukunft. München 1985

46) Nelly Sachs, in dem Gedicht "Wenn die Propheten"

47) Rudolf Steiner: Theosophie, a.a.O., Kap. 'Einleitung'

48) siehe Johannes Hemleben: Das haben wir nicht gewollt, a.a.O., S.234 ff.

49) in: Stefan Aust: Der Baader-Meinhof-Komplex. Hamburg 1985

50) vgl. Stefan Leber: Freiheit durch Gewalt? Stuttgart 1987, S.26 ff.

51) Friedrich Hölderlin: Brief vom 10.01.1797

52) Ernst Barlach, zit. nach: Annegret und Martin Jürgens: Künstlerische Intelligenz, Lebenspathos und Kriegserfahrung. Münster 1983, S.3

53) Ernst Barlach: Die Briefe 1888-1938. Bd.1, München 1968/69, S.432

54) Thomas Mann: Gedanken im Kriege. In: Die neue Rundschau, 25. Jg./1914, Bd.2, S.1475

55) Georg Heym: Texte. München 1971, S.240

56) Otto Dix, zit. nach: Dieter Schmidt: Otto Dix. Maler und Werk. Dresden 1977, S.280

57) Max Beckmann: Briefe im Kriege 1914/15. München 1984, S.10

58) ebd., S.18

59) ebd., S.55

60) Christoph Wackernagel, zit. nach Matthias Horx: Aufstand im Schlaraffenland. Mün- chen/Wien 1989, S.142

61) siehe George Ritchie: Rückkehr von morgen. Marburg 1984.

62) Rudolf Steiner: Geisteswissenschaft als Erkenntnis der Grundimpulse sozialer Ge- staltung. GA 199, Dornach 1967, 11.09.1920, S.260

63) Günther Anders: Die Antiquiertheit des Menschen. Bd.1, München 1956, S.235

64) vgl. Frankfurter Rundschau, 05.05.1984

65) siehe Ingke Brodersen/Freimut Duve (Hg.): Ihr habt unseren Bruder ermordet. Reinbek 1987, S.71 ff.

66) ebd., S.58
67) Peter Jürgen Book: Abgang. Göttingen 1988
68) Pieter Bakker Schut: Dokumente. Hamburg 1987, S.183
69) Ingke Brodersen/Freimut Duve (Hg.): Ihr habt unseren Bruder ermordet, a.a.O., Buchrückseite
70) siehe dazu: Ursula Burkhard: Farbvorstellungen blinder Menschen. Stuttgart 1981 und: Jacques Lusseyran: Blindheit – ein neues Sehen der Welt. Stuttgart 1984
71) vgl. Ingke Brodersen/Freimut Duve (Hg.): Ihr habt unseren Bruder ermordet, a.a.O., S.107
72) Stefan Leber: Freiheit durch Gewalt? A.a.O., S.42
73) ebd., S.80
74) Ingke Brodersen/Freimut Duve (Hg.): Ihr habt unseren Bruder ermordet, a.a.O.
75) vgl. Stefan Leber: Freiheit durch Gewalt? A.a.O., S.38 ff.
76) Günther Anders: Gewalt – Ja oder Nein. München 1987, S.32
77) Jacques Lusseyran: Blindheit – ein neues Sehen der Welt, a.a.O.
78) ebd., S.12
79) ebd., S.13
80) siehe ebd., S.15
81) ebd., S.23
82) siehe Rudolf Steiner: Die Erziehung des Kindes ..., a.a.O.
83) Matthias Horx: Aufstand im Schlaraffenland, a.a.O., S.118 f.
84) Johannes Hemleben: Das haben wir nicht gewollt, a.a.O.
85) Friedrich Hacker: Aggression. Frankfurt/M. 1988, S.173
86) vgl. ebd., S.175
87) ebd., S.176
88) vgl. Erich Fromm: Die Kunst des Liebens, a.a.O.
89) vgl. Friedrich Hacker: Aggression, a.a.O., S.166 ff.
90) ebd., S.264
91) Matthias Horx: Aufstand im Schlaraffenland, a.a.O., S.135
92) ebd., S.136
93) ebd., S.65
94) ebd., S.29
95) Albert Reps: Einführung in die praktische Kriminalpsychologie. Stuttgart 1967, S.98
96) ebd., S.76
97) ebd., S.78
98) Fritz Mertens: Ich wollte Liebe und lernte hassen. Zürich 1984
99) Friedrich Hacker: Aggression, a.a.O., S.246
100) vgl. ebd., S.113

101) vgl. ebd., S.114

102) siehe Rudolf Steiner: Theosophie, a.a.O., S.18 f.

103) Friedrich Hacker: Aggression, a.a.O., S.114

104) siehe Arthur Koestler: Das Gespenst in der Maschine. Wien 1967

105) Friedrich Hacker: Aggression, a.a.O., S.117

106) Günther Anders: Die Antiquiertheit des Menschen, a.a.O., S.102

107) Fritz Mertens: Ich wollte Liebe und lernte hassen, a.a.O.

108) Kahlil Gibran: Der Prophet. Freiburg 1981, S.16 f.

109) Matthäusevangelium, Kapitel 7, Verse 1-5

110) ebd., Kapitel 5, Verse 43-45

111) siehe Franz Alt: Frieden ist möglich. München 1983

112) ebd., S.32

113) ebd., S.9